I colori di Murano nell'800

The Colours of Murano in the XIX Century

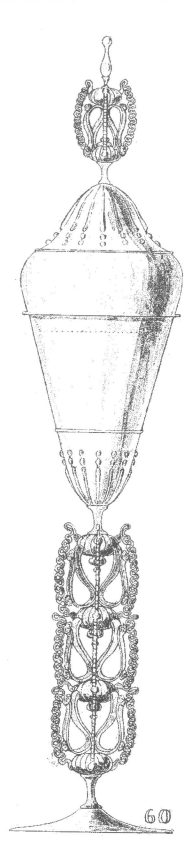

I COLORI DI MURANO NELL'800
THE COLOURS OF MURANO IN THE XIX Century
a cura di / *editors*: Aldo Bova, Rossella Junck, Puccio Migliaccio
traduzioni / *translations*: John and Chris Millerchip, Edward Smith
fotografie / *photographs*: Andrea Morucchio
progetto e impaginazione / *graphic design*: Aldo Bova
riproduzioni / *reproductions*: Foligraf, Mestre
stampa / *printers*: EBS-Bortolazzi Stei, Verona

Arsenale Editrice srl
San Polo 1789
I – 30125 Venezia
Italia

Arsenale Editrice, Venezia © 1999

referenze fotografiche / *photo credits*
V&A Picture Library, pp. 8, 13-14, 17, 19, 22, 27, 32, 42, 47, 50, 55, 199, 201-211

si ringraziano i collezionisti che hanno cortesemente prestato i pezzi esposti
sincere thanks to collectors who have kindly loaned exhibits

si ringraziano inoltre / *acknowledgements*:
Gino Angelon, Associazione per lo studio e lo sviluppo della cultura muranese,
Maurizio Barberini, Giorgio Busetto, Franco Deboni, Gianni De Carlo, Attilia Dorigato, Cesare
Gatto, Stefano Grandi, Marigusta Lazzari, Reino Liefkes, John e Chris Millerchip, Laurent Monceau,
Cesare Moretti, Gianni Moretti, Andrea Morucchio, Jutta Page, Lisa Pilosi, Guido Pozzi, Ennio
Rizzo Gabriella Rubinato, Giovanni Sarpellon, don Mario Senigallia, Elena Seno, Edward Smith,
Arnoldo Toso, Massimo Uccellini, Vettore Zaniol, Alessandro Zoppi, Domenico Zucaro

questo catalogo è stato stampato in occasione dell'esposizione tenuta presso la
Fondazione Querini Stampalia, Venezia, dal 12 dicembre 1999 al 19 marzo 2000
this catalogue was published on the occasion of the exhibition held at the
Fondazione Querini Stampalia, Venice, from 12th December 1999 to 19th March 2000

ISBN 88-7743-264-0

I COLORI DI MURANO NELL'800

THE COLOURS OF MURANO IN THE XIX CENTURY

a cura di / *editors*
Aldo Bova, Rossella Junck, Puccio Migliaccio

testi / *texts*
Attilia Dorigato, Reino Liefkes,
Cesare Moretti, Giovanni Sarpellon

schede / *catalogue entries*
Puccio Migliaccio

fotografie / *photographs*
Andrea Morucchio

ARSENALE ᴇᴛ JUNCK

INDICE   CONTENTS

Calice, in vetro verde con inclusioni in avventurina, more in rosso opaco e canne in filigrana, Murano, Salviati & Co., 1868. Acquistato dal fabbricante nel 1868, h. 20,8 cm.

Goblet, green glass with aventurine inclusions, opaque red prunts and filigree canes, Murano, Salviati & Co., 1868. Purchased from the maker in 1868, h. 20.8 cm. Victoria & Albert Museum (VAM 892-1868) Photo V&A Picture Library

ATTILIA DORIGATO

Il vetro di Murano dell'800
XIX century Murano glass

A partire dalla metà dell'Ottocento, circa, Murano appare impegnata in una rivisitazione sistematica del suo passato allo scopo di procedere al recupero di un'attività, quella del vetro soffiato, che sino a pochi anni prima sarebbe potuta sembrare irrimediabilmente perduta.

La fine della Serenissima, la crisi politica, le dominazioni straniere che si erano succedute, e il conseguente tracollo economico, avevano avuto come conseguenza, tra l'altro, la stasi quasi totale delle fornaci muranesi, la cui produzione era stata, per secoli, motivo di orgoglio e di prestigio per la gloriosa Repubblica.

È solo verso gli anni Cinquanta del XIX secolo che Pietro Bigaglia (1786-1876), preceduto pochi anni innanzi da Domenico Bussolin, porta a nuova vita l'arte del vetro soffiato con una serie di coloratissimi vetri a filigrana che se, per tecnica, si rifanno a quelli dei secoli precedenti, ne sono tuttavia lontani sul piano formale, dove il gusto Biedermeier appare in tutta evidenza nella linearità delle silhouette di solida impostazione.

È grazie agli insegnamenti di questi maestri che si forma la nuova classe dei vetrai dell'Ottocento e la loro attenzione si rivolge inizialmente non tanto al recupero degli stili quanto a quello delle tecniche, che esigono una particolare abilità manuale, trattandosi di un lavoro da eseguirsi, sostanzialmente, "a mano volante".

La necessità di possedere una mano ferma, un sicuro senso delle misure e delle proporzioni, una rapidità esecutiva che non consente errori può spiegare la sovrabbondanza di decorazioni, la sofisticata elaborazione e il virtuosismo tecnico, talora esasperato, che connotano buona parte dei vetri ottocenteschi; era affrontando prove sempre più diffi-

From about the middle of the nineteenth century onwards, Murano appears to have engaged in a systematic re-examination of its past with a view to reviving the technique and practice of blown glass, which until just a few years before might have seemed lost for ever.

Amongst the consequences of the fall of the Republic, the political crisis, the sequence of foreign dominations and the resulting economic collapse was an almost complete shut-down of the island's furnaces, which for centuries had produced the glass that had been a prime object of pride and prestige for the Serenissima.

It was Pietro Bigaglia (1786-1876), preceded a couple of years before by Domenico Bussolin, who breathed new life into the art of blown glass on Murano in the late 1840s. His series of colourful filigree pieces used the techniques of the past but featured the strong-lined silhouettes of typically Biedermeier taste.

And it was the example of such teachers that inspired a new generation of glassmakers on Murano, their attention initially directed less at reviving styles than at rediscovering techniques and relearning the special manual skills required for this essentially "free-hand" work.

The need for a firm hand, a sound sense of size and proportion and quick, confident workmanship may explain the superabundant decorative detail, sophisticated elaboration and sometimes exaggerated technical virtuosity associated with so much nineteenth century glass; it was by attempting ever more difficult challenges, deliberately seeking to outdo their predecessors, that the new master-glassmakers of Murano related to their past and mapped out their future.

cili, con l'intento di superare per abilità chi li aveva preceduti nei secoli trascorsi, che i maestri dell'isola lagunare prendevano in esame il loro passato e affrontavano il loro futuro.

Una serie di avvenimenti determinanti, che si succedono in un breve volger di anni, mutano sostanzialmente il volto di Murano e riportano l'isola a quella fervorosa attività che aveva sempre connotato la sua storia.

Nel 1854 apre i battenti, a Murano, la «Fratelli Toso», che sopravviverà fino al 1980, seguita, a Venezia nel 1859, dalla «Salviati Dott. Antonio», specializzata nella produzione di mosaici, ai quali affianca, peraltro, anche soffiati che presenterà alle esposizioni di Firenze del 1861 e di Londra del 1862; nel 1861, infine, si realizza il progetto, da tempo accarezzato, di fondare un archivio nel quale raccogliere tutti i documenti utili a illustrare la storia dell'isola, ivi incluse le testimonianze vetrarie che avranno, alla fine, il sopravvento sugli altri reperti quali documenti, manoscritti, materiali lapidei, mobili e oselle muranesi.

È il primo nucleo del museo del vetro voluto con determinazione dall'allora sindaco dell'isola, Antonio Colleoni, e dall'abate Vincenzo Zanetti che diverrà il primo direttore dell'istituzione.

Il museo svolgerà in quegli anni un'intensa attività finalizzata alla rinascita dell'arte del vetro soffiato, tanto più che ad esso sarà annessa, nel 1862, una scuola di disegno per vetrai allo scopo di potenziare le loro capacità, sia sul versante stilistico sia su quello tecnico, attraverso l'esame e lo studio delle testimonianze del passato.

Il museo diventa un punto di riferimento anche a livello promozionale con la *Prima*, e successivamente, la Seconda *Esposizione Vetraria Muranese* (1864 e 1869) che saranno non solo terreno di confronto per i vari vetrai dell'isola, ma stimolo, anche, ad uscire dai confini insulari per affrontare manifestazioni di carattere internazionale, quali le Esposizioni Universali che ebbero luogo in varie città d'Europa nella seconda metà dell'Ottocento.

In più, la funzione aggregante che il museo svolse in modo molto attivo tra le forze produttrici muranesi contribuì a incrementarne il patrimonio e, infatti, le sue collezioni ottocentesche documentano in maniera abbastanza puntuale tutte le diverse fasi dell'attività delle fornaci dell'isola.

L'interesse che la ripresa produzione insulare suscita in campo internazionale, e soprattutto in Inghilterra, persuade Antonio Salviati ad aprire una fornace di soffiati, a Murano,

A series of crucial events taking place within just a few years radically changed the face of Murano and restored the island to the place of fervid activity it had been throughout its history.

1854 saw the establishment of «Fratelli Toso» on Murano (the company stayed in business until 1980), and in 1859 «Salviati Dott. Antonio» opened in Venice, specializing in the production of mosiacs but also making blown glass, which it showed at the exhibitions in Florence in 1861 and London in 1862; the third of these decisive events was the fulfilment of long-discussed plans to set up an archive to illustrate the history of the island, including its glass production. The archive brought together documents, manuscripts, stone sculpture, furniture, coins and medallions but in the end it was glass that received much the more comprehensive treatment.

This in turn became the nucleus of the glass museum so enthusiastically advocated by the Mayor of Murano Antonio Colleoni and by the Abbé Vincenzo Zanetti, who was to become its first director. In its early years the museum engaged in intense activity to ensure the revival of the craft of blown glass, and in 1862 instituted a school of drawing for glassmakers with the aim of improving their stylistic sensitivity and technical skills through the study of prime examples of the art of the past.

The museum also became a point of reference at a promotional level with the first and then the second *Esposizione Vetraria Muranese* (1864 and 1869). These exhibitions gave local craftsmen a useful opportunity to show their work and for it to be compared with that of their fellow islanders but also provided them with a stimulus to look beyond their island confines and accept the international challenge of events such as the Universal Expositions organized in various European cities in the second half of the nineteenth century.

The museum's active role in bringing together and promoting the work of Murano glassmakers also worked to the advantage of its collections, which offer quite a good illustration of the different aspects of the island's production during the period.

International interest in the revival, especially in England, led Antonio Salviati to open a furnace for blown

sullo scadere del 1866, la «Salviati & C., Società Anonima per Azioni» per la quale si avvarrà dell'apporto determinante di capitali inglesi.

Essa si affiancherà allo stabilimento per la produzione di mosaici, già attivo a Venezia, e a partire dal 1872 assumerà il nome di «The Venice and Murano Glass and Mosaic Company Limited (Salviati & Co)»; Salviati se ne staccherà qualche anno più tardi dando vita alla «Salviati Dr. Antonio» che, con alterne vicende e differenti denominazioni, continuerà ad essere attiva fino ai nostri giorni.

In questi ultimi anni esposizioni dedicate all'Ottocento – quali *Draghi, Serpenti e Mostri Marini nel Vetro di Murano dell'800,* Venezia 1997,(catalogo a cura di A. Bova, C. Gianolla, R. Junck) e *I bicchieri di Murano dell'800,* Venezia 1998, (catalogo a cura di A. Bova, R. Junck, P. Migliaccio) – accanto a precedenti studi su specifici settori del vetro muranese di quel secolo, hanno delineato un panorama preciso e puntuale della produzione insulare, dal quale emerge un amplissimo campo di interessi che contempla non solo la rivisitazione di quanto era stato elaborato nell'isola nei secoli precedenti, ma anche lo studio approfondito dei vetri dell'antichità, riportati allora alla luce da scavi archeologici condotti con grande fervore.

In questo contesto si inseriscono non solo le imitazioni dei vetri paleocristiani a foglia d'oro graffita o i cosiddetti "fenici" che si ispirano, con tecnica diversa però, ai vetri preromani a nucleo friabile ma anche i "murrini", la cui realizzazione impegnò a fondo Vincenzo Moretti, uno dei tecnici della «Compagnia Venezia-Murano», costituitasi nel 1877, allorché Antonio Salviati aveva abbandonato la «The Venice and Murano Glass and Mosaic Company».

In un breve volger di tempo alla produzione che ripropone nelle forme e nei colori, se non nella tecnica, i vetri archeologici si dedicano pressoché tutte le fornaci dell'isola, dalla «Fratelli Toso» alla «Salviati», alla «Francesco Ferro & Figlio» che realizzerà i vetri "Corinto", dalla superficie percorsa da screziature policrome che intendono emulare le ossidazioni provocate, nelle ceramiche di scavo, da una lunga permanenza nel sottosuolo.

Al di là comunque di queste prove, che vengono affrontate quasi come una sfida, è tuttavia soprattutto al loro passato che i muranesi guardano; ne riprendono le forme e ne studiano le tecniche: ha grandissima diffusione allora la filigrana ma, a differenza di quella cinquecentesca quasi sem-

glass on Murano at the end of 1866; this was «Salviati & C. Società Anonima per Azioni», and English investment capital was crucial to its establishment.

This company worked in association with the factory for the production of mosaics already operating in Venice and from 1872 changed its name to «The Venice and Murano Glass and Mosaic Company Limited (Salviati & Co.)»; Salviati himself left the company a year later and set up «Salviati Dr. Antonio», which with varying fortunes and under several different names, has continued to operate until our own times.

In recent years exhibitions dedicated to Murano glass in the nineteenth century – such as *Dragons, Serpents and Sea Monsters in XIX Century Murano Glass*, Venice 1997 (catalogue edited by A. Bova, C. Gianolla and R. Junck) and *Nineteenth Century Murano Glasses*, Venice 1998 (catalogue edited by A. Bova, R. Junck and P. Migliaccio) – together with previous studies of specific sectors of Murano glass in the period have built up a detailed and accurate picture of the island's production; it is now clear just how wide the field of interest was, involving not only a reconsideration of Murano glass production in previous centuries but also further study of the ancient glass yielded by the enthusiastically conducted archaeological excavations of the time.

This latter interest provides the context both for the imitations of early-Christian scratched gold leaf glass and the so-called *fenici* (inspired by friable nucleus pre-Roman glass but using a different technique to achieve the effect) and also for the *murrini*, the development of which owed much to the determination of Vincenzo Moretti, a member of the technical staff of the «Compagnia Venezia-Murano», which was set up in 1877 when Antonio Salviati left «The Venice and Murano Glass and Mosaic Company».

Before long pieces redolent of ancient excavated glass in shape and colour, though not in technique, were being turned out by practically all the glassmakers on Murano, from «Fratelli Toso» to «Salviati» and «Francesco Ferro & Figlio». This latter company was responsible for developing "Corinto" glass, whose surface specifically sets out to emulate the effect of oxidation on long-buried pottery.

pre bianca, fili di numerosi, vivacissimi colori si compongo-no in fantasiosi e inediti intrecci dando vita ad affascinanti tessuti; la decorazione a smalti policromi fusibili, di largo impiego fin dal Quattrocento, appare in repliche, puntuali per forma e decorazione, di creazioni rinascimentali e di lampade da moschea ma anche in vetri che la fantasia del vetraio ottocentesco elabora *ex-novo*; le forme del Seicento, rese ancor più sofisticate per l'inserimento di pesci, serpen-ti, draghi e altri animali fantastici a mo' di supporto o in qualità di elementi decorativi, godono di grande favore.

L'esempio forse più indicativo, e più celebre, di un costante riferimento dei muranesi al loro passato è dato da quel manufatto, oggi noto come Coppa Guggenheim, rifatto nell'Ottocento, con innumerevoli varianti, dalle più note fornaci muranesi seguendo fedelmente un originale del XVII secolo, allora proprietà dell'antiquario Michelangelo Gug-genheim.

Gli esemplari del passato non sono però utili solo come prototipi da copiare; servono anche da stimolo alla fantasia dei vetrai e potenziano la loro abilità tecnica che nel corso di questo secolo sembra proprio non avere limitazioni di sorta anche per quanto riguarda l'impiego dei materiali.

Accanto al vetro che appare simile alle pietre dure o al marmo, di vasto uso diventa anche quello usato nei secoli precedenti esclusivamente per piccoli oggetti o come ele-mento ornamentale: ne è un esempio significativo l'avven-turina, difficilissima da ottenere e da lavorare, che viene ora soffiata in creazioni di notevoli dimensioni, vasi, grandi coppe, alti calici, particolarmente accattivanti per il loro bril-lante e luminoso colore dorato.

È l'incredibile leggerezza di questi vetri, mai appesantiti dalle innumerevoli e virtuosistiche decorazioni che accom-pagnano la loro forma primaria, che ancor oggi li fa prende-re in mano con reverente timore ed è il loro aspetto affet-tuoso ed elegante, anche se spesso frivolo e non funzionale, che li fa amare.

È anche grazie al duro e caparbio lavoro della Murano del-l'Ottocento che la produzione attuale delle fornaci dell'isola manifesta caratteri di altissima qualità unanimemente rico-nosciuti.

Apart from such seeking after special effects, however, the eyes of Murano's glassmakers were in any case direct-ed above all at their predecessors and they imitated the shapes and studied the techniques they used: filigree work became extremely popular but whereas in the XVI century it was almost always white, XIX century filigree fea-tured numerous bright colours imaginatively combined to entirely new effect; fusible glass mosaic decorative work had been popular since the XV century and it now reap-peared in accurate replicas of Renaissance creations and mosque lamps but also in pieces that owed much to the imagination of their XIX century creators; XVII century forms, made even more sophisticated by the inclusion of fish, serpents, dragons and other fantastic beasts as sup-porting or decorative elements, were very much in favour.

Perhaps the most significant and most celebrated exam-ple of the XIX century Murano glassmaker's constant refer-ence to his past concerns what is now known as the "Coppa Guggenheim", a XVII century piece owned by the antique dealer Michelangelo Guggenheim, copied with innumerable variants by all the more famous glassmakers of the period.

Fine glass from the past was not only seen as providing models to copy however; it also stimulated the imagina-tion and enhanced technical skills to the point of appar-ently absolute mastery over the materials used.

Glass made to resemble semi-precious stones or marble became widely used, as did types of glass that had previ-ously been employed only for small pieces or for orna-mental additions: aventurine, for example, which is extremely difficult to make and to work but which now lent its brilliant, luminous gold colour to vases, cups and glasses of considerable size.

With its incredible lightness, never weighed down by the innumerable virtuosic additions decorating the basic forms, we still handle XIX century Murano glass with rever-ence and awe, and its amiable elegance inspires love and affection, however frivolous or impractical it may also be.

It is also thanks to the hard and purposeful work of Murano glassmakers in the XIX century that island's cur-rent output is of such universally acknowledged excel-lence.

Vasellame e vaso, tecniche varie tra cui vetro in avventurina, opale rubino e filigrana. Murano, Salviati & Co., 1868 (sinistra, centro, destra) e 1869. Acquistato dal fabbricante nel 1868 e 1869, h. (vetro più alto) 33,5 cm.

A group of tableware and vase, various techniques including aventurine, opalescent, ruby and filigree glass. Murano, Salviati & Co., 1868 (left, middle and right) and 1869. Purchased from the maker in 1868 and 1869, h. (highest) 33.5 cm. Victoria & Albert Museum (VAM 891-1868; 79-1870; 882-1868; 75-1870; 887-1868) Photo V&A Picture Library

Vaso in vetro "Schmelze" con inclusioni in avventurina, Murano, Salviati & Co., 1868.
Acquistato dal fabbricante nel 1868 per £ 50, h. 45,7 cm.

Vase, "Schmelze" glass with aventurine inclusions, Murano, Salviati & Co., 1868.
Purchased from the maker in 1868 for £ 50, h. 45.7 cm. Victoria & Albert Museum (VAM
904-1868) Photo V&A Picture Library

Reino Liefkes

Salviati e il Museo di South Kensington
Salviati and the South Kensington Museum

A metà Ottocento la Gran Bretagna era già da oltre un secolo il paese più industrializzato del mondo. A partire dagli anni Trenta una crescente insoddisfazione per i prodotti "senza gusto" dell'industria meccanizzata portò a un dibattito sull'importanza dello stile nei manufatti moderni, dibattito che coinvolse il pubblico in misura sempre crescente, controversia che ebbe come punto culminante la Great Exhibition del 1851.

Sulla scia del successo travolgente di questo evento, nel 1852 fu fondato un nuovo museo per le arti applicate e decorative nel quale si riunirono le collezioni della School of Design in Ornamental Art, che si erano formate a partire dal 1838. Dopo il trasferimento a South Kensington nel 1857, il museo fu conosciuto con il nome South Kensington Museum fino al 1899, quando venne ufficialmente battezzato Victoria and Albert Museum.

Quest'istituzione, sotto la dinamica direzione del fondatore Henry Cole (1808-82), ebbe un ruolo importante nello sviluppo delle arti industriali in Gran Bretagna e all'estero, nonché nelle polemiche nate da tale sviluppo. Il Museo fu molto legato alla School of Art and Design diretta dal pittore Richard Redgrave (1804-88), che fu anche responsabile di un'intera rete di simili scuole nelle province[1].

L'intento originale del Museo era di offrire una scelta d'oggetti esemplari che stimolassero l'ispirazione e sviluppassero l'educazione di artisti e industriali per migliorare sia i prodotti sia la loro competitività sul mercato internazionale.

Per raggiungere tale scopo, fu creata una raccolta rap-

By the middle of the nineteenth century Britain had been, for at least a century, the most industrialised country in the world. From the 1830s, dissatisfaction with the "tasteless" products of the mechanised industry led to an increasingly public debate about style in modern manufacture, culminating in the Great Exhibition of 1851.

The overwhelming success of this event made it possible to establish a new Museum for applied or decorative arts in 1852, incorporating the collections put together by the School of Design in Ornamental Art since 1838. In 1857 after its move to South Kensington it became known as the South Kensington Museum, until its name was officially changed to the Victoria and Albert Museum in 1899.

This dynamic institution, led by its founder Henry Cole (1808-82), was to play a crucial role in the discussions about and the development of the industrial arts in Britain and abroad. It was strongly linked to the School of Art and Design, headed by the painter Richard Redgrave (1804-88), who was also responsible for a whole network of similar local schools in the country.[1]

The original aim of the Museum was to provide exemplary objects for the inspiration and education of contemporary designers and manufacturers and thus to improve their products and competitive position in the world-wide market. For this purpose works of ornamental (decorative) art from the past were collected, either originals or accurate reproductions, alongside the best examples of contemporary producers. Many of the latter were bought at the International Exhibitions, mainly in London and Paris, or directly from the manufacturer.

presentativa delle arti decorative del passato, in parte originali e in parte copie fedeli, con in più alcuni esempi di prodotti contemporanei. Molti di questi ultimi furono acquistati alle esposizioni internazionali, soprattutto a Londra e Parigi, oppure direttamente dal fabbricante.

Cole e i suoi colleghi avevano idee molto chiare riguardo al valore relativo dei periodi e degli stili che potessero servire come buoni modelli agli artisti e agli industriali dell'epoca. Si sperava che gli acquisti effettuati dal museo potessero spingere il design nella direzione "giusta". Il museo originale ospitò addirittura una mostra permanente dedicata ai «falsi principi decorativi». Questa sala, conosciuta come «la camera degli orrori», conteneva esempi di cattivo design, inadatti a qualsiasi uso pratico[2].

La preponderanza nelle collezioni della ceramica a lustro spagnola del Quattro e Cinquecento ebbe come conseguenza la ripresa di questo tipo di manufatto nelle fabbriche William de Morgan e Maw & Co. Quanto ai vetri, i pezzi rinascimentali di Venezia furono valutati come esempi all'apice dell'arte e della tecnica. In tutte le prime raccolte private di vetri dominava il vetro veneziano. La maggior parte dei vetri acquistati dal Museo prima del 1880 fu veneziana o presunta tale. Dieci di questi primi acquisti furono illustrati nell'*Art Journal* del 1858 come «oggetti d'arte decorativa che meritano l'attenzione di artigiani e industriali». (fig. 1) Questi vetri veneziani furono «[...] scelti per la semplice eleganza della forma, una qualità sempre presente, con una varietà infinita, nel vasto numero di oggetti che ci hanno lasciato i maestri muranesi. Ed è proprio in questo ramo della manifattura odierna che ci vorrebbero dei miglioramenti»[3].

Qui si può già sentire l'influenza del famoso critico d'arte John Ruskin (1819-1900). Più di qualsiasi altro, egli diede voce alle critiche rivolte ai brutti prodotti industriali indirizzati alle masse, chiedendo il ritorno del maestro artigiano. Sono diventate famose le sue critiche riguardo al vetro inglese dell'epoca. Nel libro *Le pietre di Venezia* del 1853, Ruskin condanna la sterile freddezza sia del vetro cristallo perfettamente molato, sia delle sue imitazioni a basso prezzo, lodando invece la bravura, la fantasia artistica e la spontaneità degli antichi maestri vetrai veneziani[4].

Salviati e la Gran Bretagna

A Venezia uno sviluppo simile a quello inglese aveva portato intorno al 1840 a una ripresa di tecniche antiche,

Cole and his peers had very clear ideas about which historic styles and periods had produced worthy examples for present day manufacturers and designers. Through its acquisition policy the Museum could contribute to push contemporary design in the "right" direction. The original Museum even had a permanent exposition devoted to «False Principles in Decoration». This room, nicknamed the «chamber of horrors», displayed objects which were presented as examples of bad design, unfit for practical use.[2]

In pottery, the Museum's focus on Spanish lustre-wares of the 15th and 16th centuries led to the revival of lustre pottery by firms such as William de Morgan and Maw & Co. In glass, Venetian products from the Renaissance period were generally regarded as the summit of craftsmanship and artistry. All the early private glass collections were dominated by Venetian glass. By far the greatest number of glasses acquired for the Museum before 1880 was of Venetian, or at least supposed Venetian, origin. Ten of these early acquisitions were illustrated in the *Art Journal* of 1858 as: «Objects of decorative art suggestive to designers and manufacturers.» (fig. 1) These Venetian glasses were: «... chosen for simple elegance of form. In this respect the glass makers of Murano have left us an inexhaustible store, the varieties being almost infinite, whilst in no class of modern manufactures, perhaps, is there more scope for improvements than in this.»[3] Here, the influence of the famous art critic John Ruskin (1819-1900) can be felt. As no other, he voiced the criticisms on ugly machine-made products for the masses, and pleaded for the return of the skilled craftsman. His criticisms of contemporary British glass have become famous. In his *Stones of Venice* of 1853 he condemned the dead sterility of perfectly colourless and precisely cut crystal glass and its cheaper imitations, while he hailed the skill, artistic invention and spontaneity of the old Venetian glassblowers.[4]

Salviati and Britain

In Venice a similar development had led to the revival of forgotten glass-makers techniques from about 1840.[5] In 1859, when Antonio Salviati became involved in the organisation of the glass industry, this revival took off on an altogether larger scale. In that year Salviati started his

ormai dimenticate[5]. Nel 1859, quando Antonio Salviati iniziò la sua attività nell'industria del vetro, questo revival assunse proporzioni assai maggiori.

In quell'anno Salviati fondò la sua prima ditta per la produzione di mosaici[6]. Sapeva bene che per raggiungere il successo era necessario procurarsi una reputazione all'estero, e già dall'inizio della sua attività, a cominciare dall'esibizione londinese del 1862, inviò i suoi prodotti a quasi tutte le esposizioni internazionali. Più volte si recò a Londra per vedere tali esibizioni o per partecipare a riunioni, e il 21 febbraio 1865 fece una conferenza per la Leeds Philosophical and Literary Society sui pregi dei mosaici nella decorazione architettonica[7]. Influenzato senz'altro dall'esempio del museo di South Kensington, Salviati partecipò inoltre alla fondazione di un museo e di una scuola di disegno per i maestri vetrai di Murano nel 1861[8].

Particolarmente importante fu il rapporto di amicizia tra Salviati e l'archeologo e appassionato di Venezia Sir Austen Henry Layard (1817-94): nel giro di pochi anni la nuova ditta riuscì a partecipare con grandi lavori in mosaico ai più prestigiosi progetti architettonici in Inghilterra, con la decorazione della cupola centrale della St. Paul's Cathedral, Londra (1864-93), del soffitto dell'Albert Memorial Chapel nel Windsor Palace (1863-67), con il monumento Albert Memorial a South Kensington, (1865-68), con il Grande ottagono nell'atrio centrale del Parlamento (1868-69) e con alcune decorazioni a mosaico per la nuova sede del South Kensington Museum (1864-1868)[9]. Layard ebbe

first company for the production of architectural mosaics.[6] Salviati understood that he needed foreign interest if he were to be successful. Right from the beginning, starting in 1862 in London, he sent his products to almost every International Exhibition. He visited London several times to visit such exhibitions or participate in meetings. On 21st February 1865 he delivered a lecture on the advantages of architectural mosaics to the Leeds Philosophical and Literary Society.[7] Probably inspired by the South Kensington example, Salviati was involved in the establishment of a museum and a school of design for glassmakers at Murano in 1861.[8]

Salviati's close relationship with the archaeologist/diplomat and lover of Venice, Sir Austen Henry Layard (1817-94), proved to be of particular importance; within a few years the new company managed to supply mosaics for the most prestigious building works in Britain: the decoration of the main dome of St. Paul's Cathedral in London (1864-93); the ceiling of the Albert Memorial Chapel at Windsor Palace (1863-67); the Albert Memorial monument in South Kensington, London (1865-68); the Great octagon in the central lobby of the Houses of Parliament (1868-69) and several of the mosaic decorations for the new building of the South Kensington Museum (1864-68).[9] Layard had an important role in almost all these commissions.[10] But Britain's role in the revival of the Venetian glass industry would become even more important. As soon as Venice became part of the Kingdom of Italy in 1866, and

Calice con coperchio in vetro cristallo, decori in vari colori, Murano, Salviati & Co., 1869. Acquistato dal fabbricante nel 1868, h. 53.2 cm.
Goblet and cover, Colourless glass, with details in various colours, Murano, Salviati & Co., 1869. Purchased from the maker in 1868, h. 53.2 cm. Victoria & Albert Museum (VAM 82&A-1870)
Photo V&A Picture Library

un ruolo importante in quasi tutte queste commissioni[10].

Ma il ruolo dell'Inghilterra nella ripresa dell'industria vetraria veneziana diventerà ancora più significativo con l'annessione di Venezia al Regno d'Italia nel 1866, quando gli investimenti dall'estero furono annessi dal nuovo governo, cosa che permise a Salviati di aprire una ditta a Londra con fondi inglesi; i soci principali furono Layard e lo storico William Drake (1817-1890)[11].

Il desiderio inglese di far rinascere l'arte antica dei vetrai sembrava concentrarsi su Venezia. Charles Eastlake (1793-1865), direttore della National Gallery di Londra, nei suoi *Hints on household taste in furniture, upholstery and other details* (*Consigli sul gusto domestico in mobili, tappezzeria e altri particolari*) del 1868 scrive: «In Inghilterra la principale difficoltà nell'effettuare una tale ripresa sarebbe la mancanza di abili artigiani. Ma a Murano questi poveri vetrai sembrano ereditare come una specie di diritto di nascita l'abilità tecnica di un mestiere che rese celebri i loro antenati. [...] Il dottor Salviati ha fatto del suo meglio per fornire buoni disegni (alcuni dei quali provennero da Mr. Norman Shaw), e di modelli antichi da imitare»[12].

Eastlake osserva che Antonio Salviati, «incoraggiato dai consigli di alcuni amici inglesi, ha cercato di rifondare a Venezia una fabbrica di vetro per la tavola ...»[13] Salviati doveva aver approfittato del soggiorno londinese del 1866 per fare qualche ricerca di mercato. Scrisse infatti ai colleghi veneziani: «In generale conviene sempre infondere agli oggetti qualcosa che costituisca un elemento distintivo della manifattura veneziana, cioè fili o fragole o morise, oppure anche semplici orli colorati, senza però dimenticare di fare alcuni esemplari di ciascun oggetto tutti bianchi»[14].

Sebbene l'importanza del ruolo inglese fosse esagerato da Eastlake, i prodotti Salviati furono promossi in Inghilterra con grande impegno ed ebbero un successo immediato. Solo negli anni Settanta il vetro in stile veneziano cominciò ad essere prodotto in Inghilterra, dalla fabbrica di Whitefriars[15].

La nuova ditta «Salviati & C., Società Anonima per Azioni» fu fondata ufficialmente a Londra il 21 dicembre 1866. La produzione doveva essere già iniziata qualche tempo prima nello stesso anno. Il 20 marzo Salviati aveva inviato un telegramma da Londra a Venezia dando istruzioni ai suoi soci di rilevare la fornace di proprietà Barbini a palazzo da

foreign investments were allowed into the country, Salviati travelled to London to establish a new firm with British funding, the main shareholders being Layard and the historian William Drake (1817-90).[11]

It seems that the British desire to revive the old glass-makers craft became focussed on Venice. Charles Eastlake (1793-1865), "director" of the National Gallery in London, wrote in his *Hints on household taste in furniture, upholstery and other details*, of 1868: «In England, the great difficulty of bringing about such a revival would probably be the want of skill in the art-workman. But at Murano these poor glass-blowers appear to inherit as a kind of birthright the technical skill in a trade which made their forefathers famous. [...] Dr. Salviati has done his best to produce good designs (some of which have been furnished by Mr. Norman Shaw), and old examples for the men to copy.»[12]

Eastlake suggests about Antonio Salviati, that: «Encouraged by the advice of some English friends, he has endeavoured to re-establish there a manufactory of table glass ...»[13] Salviati's time spent in London in 1866 must have been used for market research as well. He wrote back to Venice: «Generally speaking, it is best to give a distinctive Venetian imprint to the objects we produce, that is fili or fragole or morise, or simple coloured borders, without neglecting to include some versions of each piece entirely in white.»[14] Whether the British role is exaggerated by Eastlake or not, Salviati's products were promoted in Britain with great zeal and became an instant success. It was not until the 1870s that successful Venetian-style glass was produced in Britain by the Whitefriars glassworks.[15]

Salviati's new firm «Salviati & C., Società Anonima per Azioni» was officially established in London on 21st December 1866. However, the production must have started earlier that year. On 20th March Salviati had sent a telegram from London to Venice urging his associates to take over a furnace belonging to Barbini at the palazzo da Mula.[16] In August 1866, the *Art Journal* on p. 257 states: «Dr. Salviati has recently turned his attention to the production of ornamental table-glass for domestic purposes in the style of the old Venetian, and within the last few months he has established in one of the ancient workshops of Murano a manufactory of these articles.» By June 26th 1866, the South Kensington Museum had already received 13 glasses on loan from Dr. A. Salviati.[17] It was

zo Da Mula[16]. Si legge nelle pagine dell'*Art Journal* dell'agosto 1866 che «il dottor Salviati ha recentemente rivolto l'attenzione alla produzione di vetro ornamentale da tavola per uso domestico in stile veneziano antico; negli ultimi mesi egli ha fondato una fabbrica di tali articoli in uno degli antichi stabilimenti di Murano».

Entro il 26 giugno 1866 il South Kensington Museum aveva già ricevuto in prestito da Salviati tredici oggetti di vetro. Accennando forse a questi pezzi, Salviati dichiarerà più tardi: «Bisognava poi lanciare una serie di esempi dei nostri prodotti nei paesi stranieri, per scoprire il gusto dell'epoca»[18]. In un palese tentativo di approfittare di un gusto specificamente inglese, uno dei bicchieri di questo gruppo è inciso con lo stemma della famiglia reale[19].

Nell'estate del 1866, le nuove sale d'esposizione della Salviati aprirono le porte al numero 431 di Oxford Street, con un primo catalogo in inglese dei prodotti, stampato a Londra.[20] (vedi *Appendice*). Poco tempo dopo, verso la fine del 1867, si aprirono nuove, spaziose gallerie al numero 30 di Saint James's Street[21].

La nuova ditta fu accolta con entusiasmo. Nell'*Art Journal* dell'agosto 1866, (p. 257) si legge: «Le imitazioni del vetro veneziano antico sono le più riuscite che noi abbiamo visto finora. Egli [Salviati] è riuscito a vincere le difficoltà imposte da alcune tecniche che fino ad oggi hanno sfidato l'ingegno degli artisti moderni; in particolare notiamo gli esempi delicati dei vasi a reticolo […] Non solo la decorazione è copiata correttamente, ma la leggerezza estrema del materia-

perhaps to this collection that Salviati later referred as follows: «It was necessary then to launch a series of samples of our products in foreign countries in order to discover the taste of the period.»[18] In an attempt to appeal specifically to the local taste, one of the glasses in this group was even engraved with the English Royal coat of Arms.[19]

At the same time, new London showrooms were opened at 431 Oxford Street, in the summer of 1866, and a first catalogue of wares was published in London, in English.[20] (see *Appendice*). Soon after, late in 1867, new spacious galleries were opened at 30 St. James's Street.[21]

The new firm received excellent publicity. The *Art Journal* of August 1866, p. 257 reads: «His imitations of the old Venetian glass are the most successful we have yet seen, and he has accomplished some of those difficult processes which have hitherto defied the powers of modern artists; especially, we may note, the delicate specimens of reticulated glass, called vasi reticelli. […] Not only is the ornamentation correctly copied, but the extreme legerity of the material which constituted one of the chief beauties of the old Venetian has been accomplished, owing probably to the absence of metallic oxides in the composition of the glass. Hence we have not only the elegance of form and lightness of material, but actually the very imperfections observable in glass of the sixteenth and seventeenth centuries. The opal and ruby glasses are equally successful, and all these pieces are so close an imitation, that it behoves collectors of ancient glass to

Brocca in vetro a retortoli a reticello, Murano, Salviati & Co., 1869. Acquistato dal fabbricante nel 1869 per £ 5, h. 44.7 cm.
Ewer, Filigree glass a reticello, Murano, Salviati & Co., 1869. Purchased from the maker in 1869 for £ 5, h. 44.7 cm. Victoria & Albert Museum (VAM 83-1870) Photo V&A Picture Library

le (che è una delle principali bellezze del vetro veneziano antico) è stata recuperata, probabilmente grazie all'assenza nella pasta vitrea degli ossidi di metallo. Quindi abbiamo non solo eleganza di forma e leggerezza del materiale, ma anche le stesse imperfezioni visibili nei vetri del Cinquecento e del Seicento. I vetri in opalino o rubino sono ugualmente riusciti; e tutti questi pezzi sono così ben copiati che i collezionisti di vetro antico devono stare molto attenti, perché solo i giudici più esperti riescono a distinguere l'antico dal nuovo». Sul *Times* del 19 ottobre 1866 apparve un lungo articolo su Salviati e la rinascita del vetro veneziano; l'articolo è citato per intero nel catalogo Salviati del 1867 circa. L'*Art Journal* tenne regolarmente informato il pubblico sulla ditta e i suoi prodotti. Verso la fine del 1869, vi apparve la notizia che «La Salviati ha ricevuto da Venezia una vasta collezione di quei prodotti in vetro che hanno reso famosa da tanto tempo la regina dell'Adriatico e per i quali è ancor oggi rinomata [...] perfetti regali di Natale»[22]. Nel sopracitato libro del 1868, *Consigli sul gusto domestico in mobili, tappezzeria e altri particolari* (fig. p. 199), che ebbe un enorme impatto sul gusto vittoriano, l'autore dedica 15 pagine al vetro da tavola, in gran parte piene di lodi per il vetro veneziano e soprattutto per i prodotti della Salviati.

I vetri di Salviati nel South Kensington Museum

I rapporti fra Salviati e il South Kensington Museum furono complessivamente piuttosto buoni. Il museo acquistò alcuni tra i primi vetri soffiati e un grande pannello in mosaico all'esibizione internazionale del 1862. Un pezzo in calcedonio montato in rame dorato fu comprato per £14, altri due furono regalati dallo stesso Salviati al museo[23]. Un anno dopo furono acquistati due candelabri a £ 8 ciascuno e un lampadario a £10[24]. Tutti i vetri soffiati finora citati furono eseguiti prima che Salviati aprisse la propria fornace, e quindi provengono da un'altra fabbrica, forse quella dei Fratelli Toso[25]. Si è già accennato al prestito al museo di tredici bicchieri. Dal 1868 al 1873 la Salviati & Co. inviava regolarmente dei vetri al museo sollecitandone l'approvazione: gran parte di essi sembra essere stata acquistata. Non si sa esattamente in che modo questi oggetti fossero acquistati, ma quasi certamente fu coinvolta la sala d'esposizione londinese[26].

La biblioteca del Victoria and Albert Museum possiede

be on their guard, for it is difficult for any but the most expert judges to discriminate between the new and the old.» The *Times* of 19th October 1866 published a long article on Salviati's revival of Venetian glass which is quoted in full in the Catalogue of ca. 1867. The *Art Journal* kept the public regularly informed about the firm and its products. Late in 1869 it reported: «Salviati has received from Venice a very large collection of those beautiful productions in glass for which the Queen of the Adriatic has been so long, and still is famous [...] perfect Christmas presents.»[22] Another example is Charles Eastlake's previously quoted *Hints on household taste in furniture, upholstery and other details*, of 1868. (fig. p. 199) In this book, which became hugely influential to Victorian taste, the author devoted fifteen pages to tableglass, mostly filled with words of praise for Venetian glass and for Salviati's wares in particular.

Salviati glass in the South Kensington Museum

Salviati's relationship with the South Kensington Museum has mostly been good. The Museum acquired some of his earliest works of blown glass as well as a mosaic panel at the International Exhibition of 1862. One piece of calcedonio glass in gilt copper mounts was purchased for £ 14 while two others were donated to the Museum by Salviati.[23] In the following year, two candelabra at £ 8 each, and a chandelier at £ 10 were bought from Salviati.[24] All the blown pieces mentioned above, were made before Salviati set up his own furnace in 1866 and must have been executed by another company, such as Fratelli Toso.[25] The loan of 13 glasses in 1866 has been mentioned before. From 1868 to 1873 Salviati & Co. regularly sent glasses for approval to the Museum and most of these seem to have been acquired. Although in most instances it is not completely known how these objects were purchased, it was almost certainly done through the London showroom.[26]

The Victoria and Albert Museum library also contains some very interesting early material. The catalogue of about 1867, which I mentioned before, is the firm's oldest known illustrated price list. Its exact date is not stated, but it can safely be attributed to between 21st December 1866, when the London based company was established, and the end of 1867, when the showrooms moved to St.

materiale molto interessante riguardo a questi primi anni di produzione. Il già menzionato catalogo del 1867 è il primo conosciuto che contiene un listino prezzi illustrato. Esso dev'essere collocato tra il 21 dicembre 1866, data della fondazione della ditta londinese e la fine del 1867, quando le sale d'esposizione furono trasferite in St. James's Street[27]. Otto pagine del catalogo offrono un totale di 157 modelli illustrati, numerati dall'1 al 438: si suppone dunque che un tal numero di pezzi fosse già in produzione. La maggior parte dei modelli hanno prezzi diversi per l'esecuzione in cristallo, in colori ordinari, in rubino o opale, in filigrana o ritorto o avventurina, in reticello, ma con la precisazione che «ciascuno degli esempi seguenti è disponibile in quasi ogni colore». Quest'affermazione spiega non solo la grande varietà dei prodotti, ma anche la gamma dei prezzi. Una semplice coppa da champagne era disponibile in cristallo a quattro scellini, e in reticello a quattro scellini e sei penny. Un bicchierino da cordiale con un piede a forma di serpente e bevante in reticello costava quattro sterline e dieci scellini. I pezzi in «Cristallo» erano i più economici, con poca o nessuna differenza di prezzo per i «Colori Ordinari». «Rubino» o «Opale» costavano una volta e mezza, mentre «Filigrana, Ritorto o Avventurina» costavano il doppio dei pezzi in cristallo. I vetri più costosi erano quelli a «Reticello»: costavano il doppio o il triplo di quelli in «Cristallo». Le idee espresse da Salviati nella già citata lettera scritta a Londra trovano piena conferma nella varietà dei suoi modelli e della loro realizzazione.[28]

I rapporti dell'*Art Referee,* dove sono presi in esame gli oggetti offerti in vendita al museo, chiariscono le motivazioni degli acquisti durante gli anni Sessanta e Settanta. Uno dei curatori, l'architetto Mathew Digby Wyatt (1820-77), esaminò un gruppo di diciotto vetri inviati al museo nel 1869 e scrisse: «Questa è un'ottima scelta di vetri veneziani moderni». Dopo aver eliminato due pezzi, continua: «Gli altri pezzi sono ottimi esempi di un'arte difficile, degni di stare accanto ad altri vetri veneziani, sia nel museo londinese [cioè quello di South Kensington] sia in provincia. I prezzi mi sembrano decisamente bassi, specialmente se ci verrà offerta un'ulteriore riduzione commerciale. Dunque raccomando quest'acquisto»[29]. La «provincia» a cui si riferisce era una rete nazionale di scuole di arte e disegno, alle quali venivano regolarmente inviati oggetti da studiare, e che potevano ottenere a metà prez-

James's Street.[27] The catalogue contains eight pages showing a total of 157 illustrated models. The models are numbered in the range from 1 to 438, which suggests that there were at least that many models in production by then. Prices for most models are given for execution in: clear glass; ordinary colours; ruby/ opal; filigree/ ritorto/ aventurine; and reticello, but it is stated that «Any of the following designs may be had in almost any colour». It shows not only the wide variety of wares produced, but also the range of prices. A simple champagne beaker could be purchased for sixpence in clear glass and four shillings and sixpence in reticello. A liqueur glass with a dragon stem and reticello bowl cost four pounds and ten shillings. «Clear» glass objects were the cheapest, with no or hardly any difference in price for «Ordinary Colours». «Ruby» or «Opal» was about one and a half times the price of clear glass, while «Filigree Ritorto or Avventurine» was about twice the price of clear glass. The most expensive were the «Reticello» glasses at about two to three times the price of «Clear» glass. The variety of models and executions confirm Salviati's ideas as expressed in his earlier quoted letter from London.[28]

The reasoning behind the purchases which the Museum made in the late 1860s and 70s, can be gleaned from the *Art Referee* reports which ratified the acquisition objects offered for sale to the Museum. One of the Referees, the architect Mathew Digby Wyatt (1820-77) wrote in his report on a group of 18 glasses sent to the Museum in 1869, that: «This is a very good selection of specimens of modern Venetian glass. The rest [after excepting two specimens] are fine examples of a difficult art, and might well be exhibited besides examples of Venetian glass, either in the London Museum (South Kensington) or in the provinces. I regard the prices as decidedly low, especially if some trade discount should be obtained therefrom. I recommend the purchase.»[29]

«The provinces» here refers to the network of regional schools of Art and Design to which objects were regularly sent on loan for study. These schools could also purchase duplicate objects from the South Kensington Museum at half price.[30] By 1869 this rule was extended to include Public schools and other institutions and in this way, a selection of Salviati's glass wares acquired by the South Kensington Museum was sold to the Birmingham Art Museum in 1870.[31]

zo riproduzioni di tali oggetti dal museo londinese[30]. Dal 1869, questa riduzione fu offerta anche alle scuole private e ad altre istituzioni; in tal modo una scelta di vetri Salviati acquistati dal South Kensington Museum fu venduta al Museo d'arte di Birmingham nel 1870[31].

Ma le offerte della ditta Salviati non sempre erano accolte dal museo. In un rapporto del 1867 il curatore J. C. Robinson nota infatti: «Ho esaminato i vetri veneziani moderni inviati in visione dai Sig. Salviati & Co. Ritengo che il museo non debba acquistare oggetti di questo tipo, cioè di manifattura moderna (se non eccezionalmente, come per esempio in occasione di una mostra speciale), in quanto il progresso normale dell'industria rende tali oggetti superati di giorno in giorno da prodotti migliori. Inoltre, il prezzo chiesto per i presenti oggetti mi sembra esagerato. Per queste ragioni sconsiglio l'acquisto di questi oggetti. [firmato] J. C. Robinson». I pezzi furono poco dopo rispediti alla Salviati.[32] In altre occasioni solo una parte dei vetri offerti al museo fu accettata. M. Digby Wyatt scrisse in un rapporto del febbraio 1873: «Penso che al momento il museo dipartimentale abbia bisogno da parte di fabbricanti come il sig. Salviati solo di pezzi che illustrino gli sviluppi tecnici recenti o siano di straordinaria bellezza o difficoltà di esecuzione»[33].

Nel 1868 ventiquattro oggetti più dodici tra collane e braccialetti furono acquistati dalla Salviati & Co[34]. Ciascuna delle quattro collane è accompagnata da due braccialetti realizzati con le stesse perle (fig. p. 42) Le perle dorate sono soffiate con delicatezza: la decorazione a

Calice in cristallo, dorato con smalti, Murano, Salviati & Co., 1868. Acquistato dal fabbricante nel 1868, h. 17.2 cm.
Goblet, Colourless glass, enamelled and gilt, Murano, Salviati & Co., 1868. Purchased from the maker in 1868, h. 17.2 cm. Victoria & Albert Museum (VAM 895-1868) Photo V&A Picture Library

But Salviati's offers were not always accepted. A Referee Report by J.C. Robinson (1824-1913) of 30th December 1867 reads: «I have examined the Modern Venetian glass ware forwarded on approval by Messrs. Salviati & Co. I do not think the Museum ought to purchase specimens of this kind, e.g. of current modern manufacture (i.e. except at periodic intervals such as special exhibitions) in as much as in the ordinary progress of trade, they are liable to be superseded from day to day by better examples. The price asked for the specimen moreover seems to be most extravagant. For these reasons I can not recommend the acquisition of the objects. [signed] J.C. Robinson». The pieces were soon after returned to Salviati.[32]

In other instances only a selection of the material offered to the Museum was acquired. M. Digby Wyatt wrote in a report of February 1873: «I think the Departments' Museum at this date requires» only from contemporary manufacturers such as Sr. Salviati pieces which mark changes in current technicality or extraordinary specimens of beauty or difficulty.»[33]

In 1868 twenty-four objects and twelve necklaces and bracelets were bought from Salviati & Co.[34] Each of the four necklaces was accompanied by two matching bracelets of the same beads. (fig. p. 42) The gilded beads are hollow and extremely thinly blown. Their lamp-worked decoration consists of blobs in various colours. Due to their fragility, some beads have been broken, but all but two bracelets are still in the Museum. Of the twenty-four objects received, five

lume consiste in macchie di vari colori. A causa della loro fragilità, alcune perle si sono rotte, ma solo due braccialetti mancano dal gruppo conservato ancor oggi nel museo. Mancano cinque dei ventiquattro oggetti originali: altri tre pezzi furono venduti al nuovo Birmingham Industrial Art Museum nel 1870 insieme ad altri tre precedentemente acquistati nello stesso anno.

Solo i modelli di tre degli oggetti inclusi in questo gruppo si trovano nel catalogo del 1867, con delle piccole varianti. Una fruttiera in lattimo con decorazioni smalto blu e verde appare alla pagina 3, in fondo a destra con il n. 400b. Un vaso in cristallo con decorazioni in blu corrisponde al modello n. 37 (p. 5) ma quest'ultimo con le sue costole verticali si distingue dall'esemplare esistente nel museo, che ha un disegno a diamante.

Si trovano inoltre dei calici elaborati con fusti ornamentali (fig. p. 13, al centro), due brocche (fig. p. 13, a sinistra) e alcuni vasi. La foggia di un calice in opalino bianco (fig. p. 13, a destra) è assai vicina allo stile del primo Seicento veneziano, ma il suo colore aggiunge un tocco decisamente ottocentesco. Altri esemplari dimostrano una fantasia più libera. Il modello di un calice (fig. p. 8) deriva approssimativamente da un tipo veneziano del periodo a cavallo tra Quattro e Cinquecento, ma i colori e la decorazione sono di invenzione strettamente ottocentesca. Il vetro verde è macchiato in avventurina; due canne ritorte in cristallo e smalto bianco sono applicate intorno alla bocca e al corpo, decorato con sei more in smalto rosso. Ci sono inoltre tre vasi in vetro "schmelze", un tipo di calcedonio multicolore con macchie di avventurina. Uno di questi vasi è di particolare interesse per le sue dimensioni enormi (fig. p. 14)[35]: è a forma di urna con piede, alto più di 45 cm. Il museo l'acquistò per £ 50, una somma notevole all'epoca; l'alto costo era senza dubbio giustificato dalla difficoltà incontrata nel soffiare un pezzo di questa grandezza. La maggior parte degli altri vetri costavano dai 7 scellini e 6 d. alle 3 sterline 13 s. e 6 p. (£ 3.66). Un calice in cristallo dal gambo vuoto a balaustro è decorato in un semplice motivo di puntini in smalto e oro dipinto (fig. p. 22). Le spirali intorno al bevante derivano dagli elementi decorativi in foglia d'oro dei vetri del primo Cinquecento, ma un confronto con questi ultimi rivela la relativa rozzezza dei prodotti ottocenteschi.

A metà gennaio del 1869 tre oggetti furono acquistati alla Salviati & Comp.[36] Due di essi, un calice dal gambo

are now lost. Three further pieces were sold to the new Birmingham Industrial Art Museum in 1870, together with three more glasses acquired earlier that year.

From only three objects in this group can the models be traced to the 1867 catalogue, sometimes with slight variations. A dessert bowl in opaque white glass with blue and green applications features as no. 400b. in the catalogue, on the bottom right of page three. A colourless glass vase with blue applications matches the model of no. 379 on page five, but it has a mould-blown diagonal diamond pattern instead of vertical ribs. There are fancy goblets with ornate stems (fig. p. 13, middle); two jugs (fig. p. 13, left) and some vases. The shape of a white opalescent goblet (fig. p. 13, right) is quite close to Venetian style examples from the early 17th century, but its colour adds an unmistakably nineteenth-century touch. Other examples are more free in their inspiration. The model of a green, footed goblet (fig. p. 8) is roughly based on a late fifteenth or early sixteenth-century Venetian type, but its colouring and decoration are purely nineteenth-century fantasy. The green glass is speckled with aventurine spots. Two retorti canes in colourless and opaque white are applied around the mouth and the knob. The knob is further decorated with six opaque red raspberry prunts.

There are three vases in "schmelze" glass – a type of multi-coloured calcedonio with aventurine inclusions. One of those is of particular interest due to its enormous size.[35] (fig. p. 14) It is an urn-shaped vase on a stem which measures over 45 cm. The Museum paid £ 50 for it, which was a considerable sum at the time and which must reflect the technical difficulties of blowing a piece of such size. Most of the other items cost in the range of 7s.6d. (£ 0.37) and £ 3.13s.6p. (£ 3.66). A colourless goblet with hollow baluster stem is decorated with a simple design of gold paint and enamel dots. (fig. p. 22) The loops around the bowl are loosely based on the leaf-gilt scale patterns on early sixteenth-century glass but are quite crude by comparison.

In mid-January 1869 three objects were purchased from Salviati & Comp.[36] Two of these, a goblet with fancy stem and a bowl, are blown in cased glass. The bowl is of opaque white covered with transparent red glass. The goblet's bowl and foot are of opaque white and transparent blue glass. It is of a type which was exhibited by Salviati at the International Exhibition in Paris in 1867.[37]

elaborato e una tazza, sono in vetro soffiato e incamiciato. La tazza è in lattimo coperto di uno strato rosso trasparente. Il bevante e il piede del calice sono in lattimo e blu trasparente. Questo tipo di produzione era già stato presentato da Salviati all'esposizione internazionale di Parigi nel 1867.[37] Il terzo pezzo è una brocca elegante in filigrana, lavorata con canne di cristallo con il nucleo in lattimo, celeste e avventurina. I particolari di questa acquisizione non sono noti, ma è probabile che qui Salviati avesse introdotto una tecnica nuova[38].

Nel dicembre del 1869, un altro gruppo di diciotto oggetti fu inviato dalla Salviati[39]; tre di questi pezzi furono venduti al museo di Birmingham nel 1870, altri quattro furono eliminati dopo. Uno dei pezzi più significativi è una grande brocca a reticello (circa 50 cm. di altezza) che costò £ 5. (fig. p. 19) La soffiatura è piuttosto sottile, e il pezzo è molto leggero; sia la forma che l'esecuzione riflettono abbastanza fedelmente i modelli veneziani antichi, ma il pezzo moderno supera in grandezza un esemplare analogo del Cinquecento. Ha un doppio stacco del pontello, uno sulla parte superiore del manico, e un altro sotto il piede. La precisione dell'esecuzione a reticello dimostra un notevole miglioramento rispetto a quella dei vetri dati in prestito al museo di South Kensington nel 1866[40]. Un altro splendido pezzo è l'alta ed elaborata coppa con coperchio; (fig. p. 17) un calice simile a questo fu esposto da Salviati all'esposizione internazionale di Parigi del 1878[41]. (fig. 21, p. 200) Quasi tutti gli altri vetri di questo gruppo sono contraddistinti da colori e tecniche diverse, in cui predominano l'avventurina e il rubino, presenti a volte nelle canne a filigrana e a retorto. (fig. 5, secondo e quarto da sinistra)

Nel novembre del 1870 una tazza fu acquistata dal South Kensington Museum da «Salviati & Co., 30 St. James's St.» per 15 scellini[42]. La foggia è simile a un pezzo veneziano antico del South Kensington Museum illustrato nell'*Art Journal* del febbraio 1858[43]. Il pezzo di manifattura Salviati, però, ha un bevante color acquamarina bordato in lattimo e un gambo semplice, anziché costolato. Questo stesso modello fu anche presentato all'Esposizione Internazionale di Parigi del 1878[44]. Non è possibile stabilire se il modello per il pezzo Salviati sia derivato dall'incisione pubblicata su *Art Journal* o direttamente dall'esemplare originale in possesso del South Kensington Museum. Si sa però che i maestri vetrai della Salviati si servivano non

The third object is an elegant ewer in filigree glass. It is built up of canes of colourless glass, with a monochrome core of opaque white, light-blue or aventurine glass. Although no details are known about this acquisition, it is likely that these were examples of a technique that was new to Salviati.[38]

In December 1869 another group of 18 objects was received from Salviati, three of those were sold to Birmingham in 1870, and another four were written off later.[39] Most striking is a large ewer in vetro a reticello, about 50 cm. high, which cost £ 5 (fig. p. 19) It is comparatively thinly blown and light in weight. Both in shape and execution it is a fairly accurate imitation of earlier Venetian examples, but it is too large in comparison to sixteenth-century Venetian jugs of this type. It has a double pontil mark on the top of the handle as well as the one underneath the foot. The accuracy of the reticello work shows a marked improvement since the first glasses that were on loan to the South Kensington Museum in 1866.[40] Another splendid piece is a tall and ornate presentation goblet with lid. (fig. p. 17) A goblet of this type was exhibited by Salviati at the International Exhibition in Paris in 1878.[41] (fig. 21 p. 200) Most other glasses in this group show a combination of different colours and techniques with a predominant use of aventurine and ruby red, sometimes used in filigree and retorti canes. (fig. 5, second and fourth from the left)

In November 1870 a glass tazza was purchased from «Salviati & Co. 30 St. James's St.», for 15 shillings[42]. Its shape is close to an early Venetian piece from the South Kensington Museum, which was illustrated in the February edition of the *Art Journal* in 1858.[43] (fig. 1) Salviati's example, however, is executed with a pale blue bowl lined with an opaque white rim, and the stem is plain, rather than ribbed. The same model was shown at the Paris International Exhibition of 1878.[44] Whether the engraving in the Art Journal, or the original glass in the South Kensington Museum, has stood for an example cannot be proven. It is known, however, that Salviati's glassblowers made use of old Venetian original objects as well as engraved sources for their designs.[45]

In 1873 a large selection of glass from «Messrs. Salviati» was offered to the Museum for the price of £51.16.6. (ca. £ 51.82) In his report, M. Digby Wyatt recommended not to accept this collection: «excepting the reproduction of

solo di vetri veneziani originali come modelli, ma anche di incisioni[45].

Nel 1873 una grande scelta di vetri fu offerta al museo da dalla ditta Salviati al prezzo complessivo di £ 51.16.6 (circa £ 51.82). Nel suo rapporto M. Digby Wyatt sconsigliò di accettare tale proposta «ad eccezione della riproduzione dei millefiori romani, a forma di eleganti vasi classici. Ho appreso che questo è uno sviluppo piuttosto recente»[46]. Il suggerimento fu accolto dal consiglio, e solo quattro pezzi a murrine furono acquistati a un prezzo complessivo di £ 12.15.6 (£ 12.77 ca.)[47]. I vasi arrivarono al museo il 4 febbraio 1873: sono i primi esemplari conosciuti di questo tipo che abbiano una sicura provenienza. A differenza di molte murrine fabbricate più tardi, queste sono soffiate (fig. 22 p. 50).

Doveva passare qualche anno dall'acquisto del 1873, prima che il museo accettasse nuovi vetri dalla Salviati. Purtroppo non si conosce il motivo di quest'interruzione dei rapporti tra il museo e la ditta, ma è probabile che il museo seguisse il consiglio dei curatori e si interessasse soltanto ai nuovi sviluppi tecnici dell'industria. Fu sicuramente per tale ragione che il successivo acquisto fu effettuato all'esposizione internazionale di Parigi del 1878. In quell'occasione il museo acquistò un gruppo di sette pezzi in stile antico dalla Venice & Murano Glass Co. Ltd. Un piatto con medaglioni graffiti su foglia d'oro in stile paleocristiano è andato perso. Tra gli altri oggetti ci sono tazze a imitazione dell'agata o dell'onice, con disegni in murrine o a strisce[48]. I prezzi variavano da £ 4 per una tazza in murrine a chiazze rosse e bianche a imitazione del porfido, a £ 19.10 (£ 19.50) per una tazza in murrine e per una con un motivo a canne ritorte. L'esposizione parigina offrì al pubblico la prima occasione di vedere esemplari così perfetti di murrine fuse[49].

L'acquisto a Parigi di questi vetri rappresenta l'ultima acquisizione ufficiale di vetri veneziani effettuata dal museo nell'Ottocento. Gli interessi dei curatori e i programmi di sviluppo delle varie collezioni cambiarono dopo che Henry Cole si ritirò dal museo nel 1873, e si indirizzarono piuttosto verso i capolavori antichi. Tale tendenza portò al trasferimento degli oggetti "moderni" alla sede del museo a Bethnal Green, a partire dal 1880[50]. Un'altra ragione per la temporanea mancanza d'interesse per il vetro moderno da parte del museo era una crescente ostilità verso l'ornamentazione di tali oggetti, sempre

Roman millefiori, as bent up into elegant classical vases. This has been I learned of comparatively recent introduction.»[46] Following this advice, only four pieces of Murrine were acquired for a total sum of £ 12.15.6 (ca. £ 12.77).[47] The pieces were received in the Museum on 4th February 1873, making them the earliest known examples in this technique by Salviati with a watertight provenance. Unlike many of the later Murrine, they were blown. (fig. p. 50)

After the 1873 acquisition it was some years before another purchase from Salviati was made. Unfortunately we do not know what the reasons were, but it is likely that the Museum took the line of the 1873 Referee Report and was only interested in new technical developments. It was probably for those reasons that the next purchase was made at the Paris International Exhibition of 1878. Here the Museum bought a group of seven objects in ancient style from the Venice and Murano Glass Company Ltd. A plate with scratched gold-leaf medallions in early Christian style is now lost. The rest were fused bowls, either in imitation of onyx or agate, or with murrine or striped patterns.[48] Prices varied from £ 4 for an opaque red and white speckled murrine bowl in imitation of porphyry, and £ 19.10s. (£ 19.50) for a murrine bowl and for a bowl with stripy cane patterns. The Paris Exhibition was the first occasion where such perfect examples of fused murrine were shown to the public.[49]

The Paris 1878 purchase was to be the last deliberate acquisition of Venetian nineteenth-century glass by the South Kensington Museum. The curatorial interest and collecting policy had shifted since Henry Cole's retirement in 1873, away from the contemporary towards the historic masterpiece. This development even led to the transfer of modern manufactures to the Museum's outstation at Bethnal Green from 1880.[50]

Another reason for the Museum's temporary loss of interest in contemporary Venetian glass, must have been the growing criticism against its increasingly abundant decoration. In 1878, Mrs. Loftie wrote in her popular book *The Dining Room*: «We have no doubt that the gaudy specimens of Venetian glass to which we object find a ready sale to justify their production; but the manufacturers, we feel sure, would prefer to meet a demand for articles in better taste.» Significantly, the selection of table glass illustrated by Loftie represents a simplified version of the Venetian style by the Whitefriars glassworks in Lon-

più pesante. Nel 1878, mrs. Loftie, nel suo popolarissimo libro *The Dining Room* (*La sala da pranzo*), scrive: «Non dubitiamo che i vistosi vetri veneziani da noi condannati incontrino il favore di molti clienti, fatto che giustifica la loro produzione; ma siamo convinti che i fabbricanti avrebbero più piacere nel soddisfare una richiesta di oggetti di gusto più raffinato». Va notato che la scelta di vetri da tavola presentata mrs. Loftie rappresenta una versione semplificata dello stile veneziano ad opera della ditta londinese Whitefriars[51] (fig. 23).

Quattro anni più tardi la *Pottery Gazette* afferma che «Il vetro muranese è divenuto un ornamento domestico di moda, e la moda è famosa per il suo scarso interesse per i canoni del buon gusto»[52].

Gli acquisti nel Novecento

La ragione per cui nel 1903 un vetro veneziano contemporaneo fu acquistato direttamente da chi l'aveva prodotto, era ben diversa da quella degli acquisti precedenti. Si trattava di una copia fedele del "calice del campanile", un calice incompleto trovato sotto le macerie del campanile di San Marco, crollato nell'anno precedente (fig. p. 27). La copia fu offerta al Museo di South Kensington insieme a un foglio appositamente stampato che spiegava la straordinaria provenienza del calice originale. Il foglio, fornito da «The Venice and Murano Glass Company Ltd., 125 New Bond Street», spiega che «I calici sono indirizzati a musei, collezionisti e altre persone che desiderano avere una riproduzione di questo interessante cimelio del campanile di San Marco [...]». Esiste inoltre negli archivi del museo una fotografia del frammento originale del calice, inviata al museo da Venezia il 28 aprile 1903: la foto è autenticata con il timbro del direttore dell'Ufficio per il Restauro e la Conservazione dei Monumenti del Veneto. Era dunque l'autenticità dell'oggetto originale che interessava di più al museo: Bernard Rackham (1878-1964), all'epoca assistente curatore della collezione di ceramiche, comunicò al direttore che la riproduzione «sarebbe stata forse utile per la Circolazione: la sua qualità principale, di essere cioè un cimelio del campanile di San Marco, non ne accresceva il valore per il museo»[53]. La «Circolazione» era allora una sezione staccata dell'istituzione dove erano custoditi oggetti che venivano fatti circolare più o meno in continuazione tra sedi diverse. Questa collezione consisteva in

don.[51] (fig. 23) Four years later the *Pottery Gazette* stated: «Murano glass has become a fashionable household adornment and fashion is proverbial for its disregard of the canons of good taste.»[52]

Twentieth-century acquisitions

When, in 1903, a contemporary Venetian piece of glass was purchased directly from its maker, it was for entirely different reasons than the earlier acquisitions. It was a close copy of the "Campanile Cup", a fragmentary footed beaker which was excavated under the remains of the collapsed Campanile in St. Mark's Square in Venice in the previous year. (fig. p. 27) It was offered for sale to the Museum by means of a specially printed sheet, explaining the unique provenance of the original cup. This paper, issued by «The Venice and Murano Glass Company Ltd., 125 New Bond Street», states that: «The Cups can be supplied to Museums, Collectors, and others wishing to possess a replica of this interesting relic of the Campanile of St. Mark». Also in the Museum's records a photograph survives of the original fragment of the cup, which was sent to the Museum from Venice on 28th April 1903. The photograph is authenticated with stamps of the Directorate of Restoration and Conservation of Monuments in the Veneto. Indeed it was the authenticity of the original which was of interest to the Museum. Bernard Rackham (1876-1964), at that time Assistant Keeper in the Department of Ceramics, advised the Director that the cup: «might be useful for Circulation; its main interest, viz. as a relic of the Campanile of St. Mark, does not increase its value for Museum purposes.»[53] «Circulation» was by that time a separate section, holding objects which more or less continually toured the country. This collection was made up of duplicates and copies of older originals, and this replica of the Campanile cup was clearly seen as a suitable addition to this.

Some Venetian nineteenth-century pieces did come into the Museum's collections because they were thought to be much older. A pilgrim bottle, with the arms of Sforza-Visconti and Bentivoglio, came in 1936 as part of the extensive Buckley Bequest. (fig. p. 47) It was then thought to be of sixteenth-century origin, but has since been recognised as a copy of a pair of original flasks which are now in the Museo Civico di Bologna. A similar

duplicati e copie di originali antichi, e la riproduzione del «calice del campanile» fu chiaramente considerata un'aggiunta degna.

Alcuni vetri veneziani ottocenteschi entrarono nelle collezioni del museo perché creduti molto più antichi. Una fiaschetta da pellegrino con gli stemmi degli Sforza e dei Bentivoglio arrivò al museo come parte del grande lascito Buckley. (fig. p. 47) Fu attribuita allora a un maestro del Cinquecento, ma ora è riconosciuta come una copia di due fiasche originali nel Museo Civico di Bologna. Una copia simile fu esposta dalla Venice and Murano Glass Company Ltd. all'esposizione internazionale di Parigi del 1878, inserita in una serie di copie di vetri romani e rinascimentali[54] (fig. 27). Il vetro è volutamente tinto in rosa e contiene numerose bollicine, ovviamente con l'intenzione di farlo sembrare "originale". Wilfred Buckley (1873-1933) comprò questo pezzo da un negoziante nel giugno del 1928 per oltre £ 145, e fu uno dei suoi acquisti più costosi.

In modo simile è arrivata al museo nel 1917 la brocca con piatto del lascito di Henry Louis Florence (fig. p. 32). Anche questi due pezzi furono all'inizio accettati come originali cinquecenteschi, giudizio apparentemente confermato dal colore grigio fumo. Ma il curatore della collezione di ceramica W. B. Honey (1889-1956) ebbe presto il sospetto che i pezzi fossero moderni[55] (fig. p. 200). Il particolare tono grigio e i fili blu indicano chiaramenteil periodo di produzione, ma ancora più significativa è l'impronta del pontello costituita da una serie di marchi disposti sotto il piatto, tipici dei grandi pezzi ottocenteschi.

copy was shown by the Venice and Murano Glass Company Ltd. at the Paris International Exhibition of 1878, as part of a series of copies of ancient Roman and Renaissance glasses.[54] (fig. 27) The glass is deliberately tinted pinkish and has many small bubbles, doubtless added in an attempt to make it look "original". Wilfred Buckley (1873-1933) bought it from a dealer in June 1928 for over £ 145 making it one of his most expensive purchases.

Similarly a ewer and basin came to the Museum as part of the Henry Louis Florence Bequest in 1917. (fig. p. 32) Again, they were thought to be of sixteenth-century Venetian origin, and their distinct smoky tint was seen as a confirmation of this attribution. But the Keeper of Ceramics, W.B. Honey (1889-1956), recognised early on that these pieces were probably modern.[55] (fig. p. 200) The deliberate dark grey tint of the glass as well as the

dark blue trails are a giveaway, but most distinctively the pontil mark underneath the basin, in the shape of a circle of small scars, is typical of larger nineteenth-century pieces. Also the basin is much too small to have been of any use as such in the sixteenth century.

Only once more, in 1920, a collection of highly ornate Venetian glass came into the Museum's collections. This time it was as a gift of Lady Ratan Tata of Twickenham. Although there is no conclusive evidence, all 22 pieces were said to have been made by the Venice and Murano Glass Company Ltd. and there is not much reason to doubt this, as the glasses must have been purchased by the donor not too long

Copia del "calice del campanile", vetro grigio con smalti, Murano, Venice and Murano Glass Company Ltd., 1903 Acquistato dal fabbricante nel 1903. h. 14,2 cm
Copy of the "Campanile Cup", grey-tinted glass, enamelled, Murano, Venice and Murano Glass Company Ltd., 1903, Purchased from the maker in 1903. h. 14.2 cm Victoria & Albert Museum (VAM 531-1903) Photo V&A Picture Library

Una sola altra volta, nel 1920, una raccolta di fantasiosi vetri veneziani entrò nelle collezioni del museo. Si trattava della donazione di Lady Ratan Tata di Twickenham. I ventidue oggetti furono identificati come prodotti della Venice and Murano Glass Company Ltd. Quest'affermazione, anche se non verificabile, non dovrebbe suscitare dubbi; i vetri dovevano essere stati comprati dalla donatrice poco prima di averli offerti al museo. La maggior parte di questi bicchieri è di un vetro incolore molto pesante nel quale è probabile la presenza di piombo.[56] I pezzi sono forse dei primi anni del Novecento, tuttavia sono chiaramente impregnati dallo spirito eclettico tardo-ottocentesco. Il curatore della collezione di ceramiche Bernard Rackham dichiara nel rapporto di accettazione che «Nel passato siamo stati sollecitati ad acquistare esemplari del vetro veneziano moderno. Il presente dono ci libera da un tale dovere. I vetri sono del tipo *tour de force*, ma, quanto alla tecnica, sono meravigliosi»[57].

Poco tempo dopo però, quando l'eclettismo storico si avviò verso il tramonto, passarono di moda specialmente gli oggetti più pesantemente ornati. Durante gli anni Trenta il museo cercò di snellire le sue collezioni immani, eliminando un gran numero di oggetti. Nel solo 1937 più di 900 pezzi furono venduti o trasferiti ad altri musei. Nel 1938 e 1939 altri 550 pezzi furono eliminati. Tra gli oggetti venduti in quegli anni ci sono due dei primi vasi in calcedonio comparsi all'esposizione internazionale del 1862 e donati al museo da Salviati. Molto bassa era allora la considerazione per i pezzi dell'Ottocento: nel rapporto relativo a queste eliminazioni, due vasi sono inclusi tra gli oggetti «di scarsa importanza artistica o storica»[58].

Questo cambiamento di giudizio è notato con distacco da W. B. Honey nel suo manuale del vetro del 1946, mentre descrive in questi termini lo stile eclettico del vetro veneziano del secondo Ottocento: «Molti di questi lavori sono stravaganti e sentimentali, ma non senza fascino. In tempi più recenti, sono state preferite le forme più semplici ma non meno gradevoli delle ditte importanti come Venini e Barovier; la grande abilità tecnica degli artisti muranesi è ancora molto evidente nei loro numerosi *tours de force* giocosi [...]»[59]. Lo stile era effettivamente cambiato, ma, dopo la seconda guerra mondiale, il Victoria & Albert Museum ha continuato, e continua a tutt'oggi ad arricchire le proprie collezioni con vetri veneziani contemporanei.

before they were given. Most of these glasses are made out of very clear and heavy colourless glass, which probably contains lead.[56] The pieces probably date from the early twentieth century but they are still very much in the spirit of nineteenth-century eclecticism. Bernard Rackham, then Keeper of Ceramics, states in his acceptance report that: «It has been suggested in the past that we should buy specimens of modern Venetian work. This gift will save us from the necessity of doing so. The glasses are mostly in the nature of tours de force but technically very wonderful.»[57]

Soon after, however, the days of eclectic historicism were counted, especially of the more ornate wares. During the 1930s the Museum tried to "streamline" its vast collections by disposing of large numbers of objects. In 1933 alone, over 900 objects were sold or transferred to other Museums. In 1938 and 1939 another 550 pieces were disposed of. Amongst the objects sold in those years are two of the earliest calcedonio vases from the International Exhibition of 1862, which were given to the Museum by Salviati. The appreciation of nineteenth-century artefacts had reached its lowest point. In the report of the disposal, the two vases were listed in the category of objects thought to be of «negligible artistic or historic importance».[58]

The change of appreciation is accurately but mildly worded by W.B. Honey. In his handbook on glass of 1946, he notes about the Venetian revival glass of the second half of the nineteenth century that: «much extravagant and sentimental, but by no means unattractive, work was done. In more recent times simpler but no less graceful forms have been favoured, by such outstanding firms as those of Venini and Barovier, though the virtuosity in manipulation of the Muranese glass-worker is still proved by many playful tours de force.»[59] Indeed, the style had changed, but the Victoria and Albert Museum continued to collect contemporary Venetian glass after the second World War and has done so up to the present day.

[1] Somers Cocks 1980, pp. 3-15; e Baker & Richardson 1997, pp. 17-161, per la storia dei primi anni del South Kensington Museum.

[2] Baker & Richardson 1997, p. 108 e cat. 19-20.

[3] Art Journal 1858, pp. 58 e 118; Manchester 1986, p. 5, pubblica 3 di questi esemplari; anche Kent 1996, p. 22, dà un resoconto della moda del vetro veneziano in Gran Bretagna.

[4] Ruskin 1853, p. 168

[5] Liefkes 1994, p. 283; Zanetti 1874, pp. 279-285.

[6] Cecchetti 1861.

[7] Questa relazione fu stampata (Salviati 1865, e in una seconda edizione, Salviati 1866); ancora prima, nel 1862, egli aveva fatto stampare un opuscolo: Salviati 1862. Una lista annotata di descrizioni apparse nei cataloghi delle esposizioni internazionali nelle quali furono presentati i vetri della Salviati (e di altri fabbricanti) è stata pubblicata in Bova 1998, pp. 182-218. Il primo luglio 1862 Salviati assistette a una riunione della Ecclesiological Society presso il South Kensington Museum: si veda Stampa Inglese 1862, p. 6.

[8] Liefkes 1994, p. 285; Zanetti 1874, pp. 284-285.

[9] La partecipazione della ditta Salviati nella decorazione a mosaico della chiesa di San Paolo e a Windsor viene notata dalla stampa inglese già nell'autunno del 1862; questo interesse era senz'altro dovuto alla mostra della Salviati alla London International Exhibition di quell'anno. (Stampa Inglese 1863, p. 8-10). Per i mosaici forniti da Salviati al South Kensington Museum si veda: Physick 1982, pp. 62-69 e 117.

[10] Anche Layard proponeva l'uso di mosaici nella decorazione di edifici nella sua relazione tenuta al Royal Institute of British Architects (RIBA) il 3 novembre 1868, pubblicata col titolo: Layard, H. A., On Mosaics in: «Royal Institute of British Architects: Sessional Papers 1868-69», no. 3, Londra 1868; e una relazione posteriore pubblicata in «The Newberry House Magazine» del 1894, intitolata Mosaics; and how they are made.

[11] Salviati 1989, p. 14.

[12] Eastlake 1868, p. 224.

[13] Eastlake 1868, p. 224; Salviati esprime la sua gratitudine per l'aiuto offertogli da: «Norman Shaw, E. Cooke, Lord Sommers, A. Layard Brown» che consisteva in «excellents conseils, soit en me fournissant des dessins ou des pièces originales anciennes». Si veda: Salviati 1867, p. 31, nota 1. Ma almeno a partire dal 1864, la ripresa dell'industria del vetro veniva sollecitata nella stessa Murano, e specialmente dal sindaco della città Antonio Colleoni. Si veda: Bova 1997, p. 35.

[14] Bova 1997, p. 35. La lettera è conservata nell'Archivio del Museo Vetrario di Murano, busta 31. Fu scritta a Bath, ma senza data (informazione gentilmente comunicata da Aldo Bova).

[15] Kent 1996, pp. 20-29. Per il vetro in stile veneziano della fabbrica Whitefriars glasswork si veda Evans, Ross, Werner 1995, pp. 58-76.

[16] Barovier Mentasti 1982, p. 203; Bova 1997, p. 35; Ill. in Liefkes 1994 p. 285, fig. 20.

[17] Liefkes 1994, pp. 286-287. I vetri furono segnati nel registro (Archivio del VAM) il 2-7-1866 (Vol. I, 59): «Dr. A. Salviati 16040 In prestito 13 bicchieri in stile veneziano antico (Manca la lingua di un drago) (Ricevuto il 26 giugno 1866.)». Nel 1937 il prestito divenne un dono; 11 pezzi sono ancora nelle collezioni del museo. Barr 1998, p. 57, pubblica la fotografia a colori di uno di questi bicchieri.

[18] Bova 1997, p. 39; Zanetti 1874, p. 68.

[19] Liefkes 1994, p. 287, fig. 23.

[20] Art Journal, 1 agosto 1866, p. 257: «[...] lo stabilimento recentemente aperto dal dottor Dr. Salviati, al numero 431, Oxford Street [...]». Lo stesso indirizzo appare sulla copertina del primo catalogo. In Post Office London Directory of 1866, p. 1360 (l'elenco telefonico di Londra del

[1] Somers Cocks 1980, pp. 3-15; and Baker & Richardson 1997, pp. 17-161, for early history of the South Kensington Museum.

[2] Baker & Richardson 1997, p.108 & cat. 19-20.

[3] Art Journal 1858, pp. 58 & 118; Manchester 1986, p. 5: also illustrates three of these examples; also Kent 1996, p. 22: who also gives an account of the fashion for Venetian glass in Britain.

[4] Ruskin 1853, p. 168.

[5] Liefkes 1994, p. 283; Zanetti 1874, pp. 279-285.

[6] Cecchetti 1861.

[7] This lecture was also published: Salviati 1865 and in a second edition: Salviati 1866; earlier, in 1862, he had already published a small booklet: Salviati 1862. An annotated list of catalogue descriptions of International Exhibitions at which Salviati's glass (and glass by other Venetian makers) was shown, is published by: Bova 1998, pp. 182-218. On 1st July 1862 Salviati visited a meeting of the Ecclesiological Society in the South Kensington Museum: see Stampa Inglese 1862, p. 6.

[8] Liefkes 1994, p. 285; Zanetti 1874, pp. 284-285.

[9] Salviati's involvement with the mosaics at St. Paul's and Windsor, is already mentioned in the British press in the autumn of 1862, and must have resulted from Salviati's display at the London International Exhibition of that year. (Stampa Inglese 1863, p. 8-10) For Salviati's mosaics for the South Kensington Museum see: Physick 1982, pp. 62-69 & 117.

[10] Layard also propagated the use of Mosaics for architectural decoration, in his lecture to the Royal Institute of British Architects (RIBA) on 3rd November 1868; published: Layard, H. A., On Mosaics in: «Royal Institute of British Architects: Sessional Papers 1868-69», no. 3, London 1868; and his later paper published in «The Newberry House Magazine» of 1894, called Mosaics; and how they are made.

[11] Salviati 1989, p. 14.

[12] Eastlake 1868, p. 224.

[13] Eastlake 1868, p. 224; Salviati speaks of his gratitude for the help received from: «Norman Shaw, E. Cooke, Lord Sommers, A. Layard Brown.» in the form of: «excellents conseils, soit en me fournissant des dessins ou des pièces originales anciennes.» See: Salviati 1867, p. 31, note 1; But, at least from 1864 onwards, there was also pressure from within Murano to revive this industry, notably from the mayor Antonio Colleoni. See: Bova 1997, p. 35.

[14] Bova 1997, p. 35; The letter is kept in the Archive of the Museo Vetrario di Murano, busta 31, it was written in Bath, but not dated (this information was kindly supplied to me by Mr. Aldo Bova).

[15] Kent 1996, pp. 20-29; Evans, Ross, Werner 1995, pp. 58-76: for the Venetian-style glass by the Whitefriars glassworks.

[16] Barovier Mentasti 1982, p. 203; Bova 1997, p. 35; Ill. in Liefkes 1994 p. 285, fig. 20.

[17] Liefkes 1994, pp. 286-287; These glasses were entered in the Daybook (VAM Archive) on 2-VII-1866 (Vol. I, 59): «Dr. A. Salviati * 16040 * On loan 13 Glasses in Ancient Venetian Style (Tongue of one snake wanting.) (Received 26 June 1866.)»; In 1937 this loan was turned into a gift, and 11 of these glasses are still in the V&A collections; Barr 1998, p. 57, illustrates one of these pieces in colour.

[18] Bova 1997, p. 39; Zanetti 1874, p. 68

[19] Liefkes 1994, p. 287, fig. 23

[20] Art Journal, 1st August 1866, p. 257: «[...] the establishment just opened by Dr. Salviati, at 431, Oxford Street, [...]»; this is also the address printed on the cover of the first catalogue. In the Post Office London Directory of 1866, p. 1360, Salviati is listed as: «Salviati Dr. Antonio, enamel mosaicist & coloured glass (ancient style) manufacturer, 134 Regent street W». In the previous year (Post Office London Directory of

1866), si trova il nome «Salviati Dr. Antonio, produttore di mosaici e vetri colorati (in stile antico), 134 Regent street W». Salviati vi appare per la prima volta un anno prima (*Post Office London Directory del 1865*, p. 1337), con l'indirizzo di un rappresentante: «Salviati Dr. Antonio, fabbricante di mosaico veneziano (agente, Louis Birnstingl), 192 Great Portland street, Oxford street W». L'indirizzo in Oxford Street appare per la prima volta sull'elenco londinese del 1867 (p. 1396), ma questi elenchi venivano sempre stampati con un anno di anticipo. MORRIS 1878, pp. 133-137 fu il primo a dedicare uno studio particolare ai rapporti di Salviati con l'Inghilterra.

[21] EASTLAKE 1868, p. 224, pubblicato nel 1868, dichiara che era successo «l'anno scorso»; ART JOURNAL, 1 gennaio 1868, p. 18: «Ora Salviati ha aperto una spaziosa Galleria in St.James's Street». Sull'elenco telefonico londinese del 1868 (p. 1197) appaiono sia l'indirizzo del 30 St. James's Street, sia quello del 431 Oxford Street. Dal 1869 poi (p. 1215), appare solo il primo.

[22] ART JOURNAL, 1 dicembre 1869, p. 382.

[23] LIEFKES 1994, p. 284. Soltanto il vaso acquistato si trova tuttora nel museo, insieme al pannello in mosaico (VAM 8036-1862). Si tratta di una copia di un mosaico nella chiesa di San Marco, Venezia, raffigurante Cristo benedicente (ca. 100 cm. × 83 cm). Il prezzo era £ 200.

[24] LIEFKES 1994, p. 285. Un candelabro è rimasto nelle collezioni del museo.

[25] Salviati stesso scrisse nel 1867 a proposito della propria partecipazione all'International Exhibition di London del 1862: «je n'avais, à cette époque [sic], pas encore entrepris la restauration des deux autres arts Vénetiens, "les verres soufflés de Murano» et «les verres colorés pour vitraux"»; si veda: SALVIATI 1867, p. 15; JUNCK 1998, pp. 21-22, note 23, 25, 32, è del parere che alcuni vetri soffiati presentati da Salviati nei primi tempi potrebbero essere stati eseguiti dai Fratelli Toso; BAROVIER MENTASTI 1978, p. 13 e BAROVIER MENTASTI 1982, p. 210, nota 47, accenna a un contratto esclusivo tra i Fratelli Toso e Salviati del 1866.

[26] L'archivio conferma che la maggior parte degli oggetti venivano dai "Messrs. Salviati", un termine che indica una ditta invece di un individuo. Il nome e l'indirizzo della ditta appaiono una volta come «Salviati & Co. 30 St. James's St.» Archivio del VAM, Boardroom registers VAM 17-1871: Ricevuto dai depositi: 24-XI-1870.

[27] L'indirizzo che appare sul frontespizio è: «431, Oxford St.». Il nome è quello della ditta inglese: «Salviati & Company Ltd»; si veda anche la nota 20.

[28] Vedi nota 14.

[29] VAM 67 all 84-1870. Archivio VAM, rapporto del curatore M.D. Wyatt (45529. Dic. 27/69).

[30] Nel 1852, «siccome le collezioni del museo [di South Kensington] stanno crescendo,» fu deciso che «alcuni oggetti dello stesso tipo ma di diversa importanza e diverso valore saranno ammassati, e per rendere più disponibili alla pubblica istruzione quegli oggetti di cui il museo può fare a meno, io, [Henry Cole] propongo che alle scuole d'arte locali sia data la possibilità di acquistarli per la metà del prezzo di costo». Dal verbale del consiglio del 2 novembre 1852, Ministero del Commercio: copia stampata nell'archivio VAM, NF Birmingham City Museum & Art Gallery: G.I.A. parte 1ª, 1870-1899, RP 1870/48623.

[31] Ora il Birmingham Museum and Art Gallery in: Archivio del VAM, NF Birmingham City Museum & Art Gallery: G.I.A. part I, 1870-1899, RP 1870/40375 e copia d'una lista allegata al RP 1872/811.

[32] Archivio del VAM, Robinson Reports 30373/1867, timbrato il 31 dicembre 1867.

[33] Archivio del VAM, rapporto 13-2-73: «Una collezione di vetri» dai

1865, p. 1337) Salviati was listed for the very first time, at the address of an agent: «Salviati Dr. Antonio, manufacturer of Venetian mosaic (Louis Birnstingl, agent), 192 Great Portland street, Oxford street W.» The 431 Oxford Street address is first given in the *Post Office London Directory of 1867*, p. 1396, but these directories were always printed in the previous year; MORRIS 1878, pp. 133-137: was the first to write specifically on Salviati's relationship with Britain.

[21] EASTLAKE 1868, p. 224, published in 1868 states that this happened «last year»; Art Journal, 1st January 1868, p. 18: «Salviati has now opened spacious galleries at St.James's Street.» In the *Post Office London Directory of 1868*, p. 1197, both the 30 St.James's Street address and the one at 431 Oxford Street are given. From 1869 onwards (p. 1215), only the 30 St.James's Street address is listed.

[22] ART JOURNAL, 1st December 1869, p. 382.

[23] LIEFKES 1994, p. 284; Only the vase which was purchased is still in the Museum, as is the mosaic panel, VAM 8036-1862. It is a copy from a mosaic in St. Marks', Venice, showing Christ in the act of benediction (ca. 100 cm. c 83 cm). The price was £ 200.

[24] LIEFKES 1994, p. 285; One candelabrum is still in the Museum's collections today.

[25] Salviati wrote himself in 1867 about his display at the International Exhibition in London in 1862: «je n'avais, à cette époque, pas encore entrepris la restauration des deux autres arts Vénetiens, "les verres soufflés de Murano" et «les verres colorés pour vitraux"» see: SALVIATI 1867, p. 15; JUNCK 1998, pp. 21-22, notes 23, 25, 32, suggests that some of the blown works exhibited by Salviati in the early days might have been the work of Fratelli Toso; BAROVIER MENTASTI 1978, p. 13 & BAROVIER MENTASTI 1982, p. 210, note 47, mentions an exclusive contract between Fratelli Toso and Salviati, dating from 1866.

[26] According to the files, most objects were received from: «Messrs. Salviati» which refers to a company rather than to individuals. In one case, the company's name and address are given as: «Salviati & Co. 30 St. James's St.» VAM Archive, Boardroom registers VAM 17-1871: «Received from stores: 24-XI-1870».

[27] The address on the title page reads «431, Oxford St.» The name is «Salviati & Company Ltd», which is the name of the English company; See also note 20.

[28] See note 14.

[29] VAM 67 to 84-1870; VAM Archive, Referee Report by M.D. Wyatt (45529. Dec. 27/69).

[30] In 1852 it was decided that «As the collection of articles for the Museum [South Kensington] proceeds, objects of the same kind, but of various degrees of importance and value will be amassed, and in order to render the objects which could be dispensed with most available for the purposes of public instruction, I [Henry Cole] propose that local Schools of Art may have the privilege of purchasing them at half the prime cost.» From the Board Minute of 2nd November 1852, Board of Trade: printed copy in VAM Archive, NF Birmingham City Museum & Art Gallery: G.I.A. part I, 1870-1899, RP 1870/48623.

[31] Now the Birmingham Museum and Art Gallery in: VAM Archive, NF Birmingham City Museum & Art Gallery: G.I.A. part I, 1870-1899, RP 1870/40375 and copy of a list attached to RP 1872/811.

[32] VAM Archive, Robinson Reports 30373/1867, stamped 31st December 1867.

[33] VAM Archive, Report 13-II-73: «A collection of glass» from «Messrs. Salviati» Price £51.16.6; signed: M. Digby Wyatt, 13-2-73.

[34] VAM 878 to 905-1868; VAM Archive, Registers state: Received 1-V-1868 from Mess. Salviati & Co.; Date of minute of purchase: 8-V-1868; BARR

«Messrs. Salviati», Prezzo £51.16.6; firmato: M. Digby Wyatt, 13-2-73

[34] VAM 878 to 905-1868; Archivio del VAM. Si trova nei registri: Ricevuto il 1-5-1868 dai Mess. Salviati & Co.; Data del verbale di acquisto: 8-5-1868; BARR 1998, pp. 50-51, 56, pubblica tre dei pezzi.

[35] Altri due pubblicati in BARR 1998, pp. 50-51.

[36] VAM dal 164 al 166-1869; Archivio del VAM, Registri del consiglio: Ricevuto dai depositi: 14-11869; Ricevuto dai Mess. Salviati & Comp. Nello stesso periodo Salviati donò al museo un frammento di un mosaico del Trecento proveniente dalla chiesa di San Marco. VAM 167-1869.

[37] Pubblicato in: LIEFKES 1994, p. 286, fig. 22, in alto a sinistra.

[38] Cf. Archivio del VAM, Rapporto 1873 citato alla nota 33.

[39] VAM dal 67 al 84-1870; Archivio del VAM, Registri del consiglio: Ricevuto dalla: Salviati & Company; Data ricevuta: 10-12-1869; si veda la nota 29 per la citazione dal Rapporto dei Curatori.

[40] Cf. L'immagine di un calice del 1866 in: LIEFKES 1994, p. 287, fig. 23.

[41] *The Art Journal Catalogue of the Paris International Exhibition 1878*, ill. p. 126 (qui pubblicato a p. 200). BARR 1998, pp. 35, 25, 59, fornisce un'immagine del calice, nonché di altri due vetri appartenenti a questo gruppo.

[42] VAM 17-1871; Archivio del VAM, Registri del concilio: Ricevuto dai depositi: 24-11-1870; Ricevuto da: Salviati & Co. 30 St. James's St. Stato: bordo incrinato e scheggiato.

[43] Il vetro antico si trova tuttora nelle collezioni del Victoria & Albert Museum (no. inv.. 2585-1856).

[44] *The Art Journal Catalogue of the Paris International Exhibition 1878*, ill. p. 126, prima fila a sinistra; (qui pubblicato a p. 200)

[45] LIEFKES 1994, p. 288-289, per l'impiego di oggetti originali e di incisioni; anche BAROVIER MENTASTI 1982, p. 208.

[46] *Op. cit.*, 1982, nota 33

[47] VAM dal 1188 al 1191-1873; Sarpellon 1990, p. 96-97, cat. 699: fornisce l'immagine di un esemplare; Barr 1998, p. 68: ne mostra un altro; si veda anche Sarpellon 1998, p. 45.

[48] VAM dal 404 al 410-1878. Il piatto con medaglioni in oro graffito somigliava probabilmente ad un pezzo acquistato nella stessa esposizione dal Deutsches Gewerbemuseum di Berlino, BAROVIER MENTASTI 1982, p. 208, ill. 208.

[49] SARPELLON 1990, p. 46.

[50] BAKER E RICHARDSON 1997, p. 159.

[51] KENT 1996, fig. 71, p. 28.

[52] LOFTIE 1878, p. 95; POTTERY GAZETTE, 1 marzo 1882, p. 247: tutti e due citati in MANCHESTER 1986, p. 9.

[53] Archivio del VAM, NF Venice and Murano Glass Co., Rapporto 87338/1903. Copie del calice del campanile furono prodotte anche da altre ditte. Un esemplare al Museo Vetrario è firmato sotto il piede: «F. Toso Borella». (S. 6995)

[54] VAM C. 165-1936; *The Art Journal Illustrated catalogue of the Paris International Exhibition 1878*, p. 126; un'altra versione della bottiglia con una cospicua crepa si trova nei depositi del Museo Vetrario di Murano, VAM S.7515; immagini degli originali del Cinquecento in DUCATI 1923, p. 171.

[55] HONEY 1946, p. 70; Si può vedere questo tipo di brocca nell'immagine di un gruppo di vetri della Venice and Murano Glass Company, in EDIS 1881, tav. 25. (qui pubblicato a p. 199).

[56] HONEY 1946, tav. 66A.

[57] Firmato B. Rackham, 25-IX-20; Archivio del VAM, NF Lady Ratan Tata

[58] Archivio del VAM, RP. 38/2498; furono venduti all'asta Stevens's Auction Rooms, Ltd. London 31-1-1939, lotto n. 203, a £2.2s. la coppia.

[59] HONEY 1946, p. 70.

[35] 1998, pp. 50-51, 56: illustrates three of these pieces.

[35] The other two are illustrated by BARR 1998, pp. 50-51.

[36] VAM 164 to 166-1869; VAM Archive, Boardroom registers: Received from stores: 14-I-1869; Received from: Mess. Salviati & Comp. At the same time Salviati donated a 14th-century mosaic fragment from St.Mark's to the Museum VAM 167-1869.

[37] ill. LIEFKES 1994, p. 286, fig. 22, top left.

[38] Cf. VAM Archive, Referee Report 1873. See note 33.

[39] VAM 67 to 84-1870; VAM Archive, Boardroom registers: Received: from Salviati & Company; Date received: 10-XII-1869; see note 29 for quote from Referee Report.

[40] Cf. An 1866 goblet illustrated in: LIEFKES 1994, p. 287, fig. 23.

[41] *The Art Journal Catalogue of the Paris International Exhibition 1878*, ill. p. 126 (here, p. 200). BARR 1998, pp. 35; 25; 59: also illustrates this goblet, and two further glasses from this group.

[42] VAM 17-1871; VAM Archive, Boardroom registers: Received from stores: 24-XI-1870; Received from: Salviati & Co. 30 St. James's St. Condition: rim cracked and chipped.

[43] The old Venetian glass in the South Kensington Museum is still in the Victoria & Albert Museum's collections (inv.nr. 2585-1856).

[44] *The Art Journal The Illustrated catalogue of the Paris International Exhibition 1878*, ill. p. 126, front left (here, p. 200)

[45] LIEFKES 1994, p. 288-289: for the use of original objects and engraved sources; also BAROVIER MENTASTI 1982 p. 208.

[46] *Op. cit.*, note 33.

[47] VAM 1188 to 1191-1873; SARPELLON 1990, p. 96-97, cat. 699: illustrates one example; BARR 1998, p. 68: illustrates another; see also SARPELLON 1998, p. 45.

[48] VAM 404 to 410-1878; The plate with scratched gold-leaf medallions was probably similar to a piece which was acquired at the same exhibition by the Deutsches Gewerbemuseum in Berlin, BAROVIER MENTASTI 1982, p. 208, ill. 208.

[49] SARPELLON 1990, p. 46.

[50] BAKER & RICHARDSON 1997, p. 159.

[51] KENT 1996, fig. 71, p. 28.

[52] LOFTIE 1878, p. 95; *Pottery Gazette*, 1 March 1882, p. 247: both are quoted in MANCHESTER 1986, p. 9.

[53] VAM Archive, NF Venice and Murano Glass Co., Report paper 87338/1903; Copies of the "Campanile Cup" were also made by other companies. In the Museo Vetrario di Murano is an example which is signed under the foot: «F. Toso Borella». (S. 6995) A version of the cup by Toso Borella is illustrated in the «Almanacco Veneto» (III), 1914, p. 489

[54] VAM C. 165-1936; *The Art Journal Catalogue of the Paris International Exhibition 1878*, p. 126; another version of this bottle with a bad firing-crack is in the stores of the Museo Vetrario di Murano, VAM S.7515; DUCATI 1923, p. 171: illustrates the sixteenth-century originals.

[55] HONEY 1946, p. 70; This type of ewer is also shown in an illustration of a group of glassware by the Venice and Murano Glass Company, illustrated in EDIS 1881, pl. 25 (here, p. 199).

[56] HONEY 1946, pl. 66A.

[57] Signed B. Rackham, 25-IX-20; VAM Archive, NF Lady Ratan Tata.

[58] VAM Archive, RP. 38/2498; they were sold at Stevens's Auction Rooms, Ltd. London 31-I-1939, lot 203 for £2.2s. the pair.

[59] HONEY 1946, p. 70.

Brocca e piatto in vetro marrone scuro con spirali blu, Murano, probabilmente della Venice and Murano Glass Company Ltd. h. (brocca) 32,5 cm.

Ewer and basin, brown-tinted glass with dark blue trails, Murano, probably Venice and Murano Glass Company Ltd. h. (ewer) 32.5 cm. Victoria & Albert Museum (VAM C. 1281&A-1917) Photo V&A Picture Library

CESARE MORETTI

Materie prime rilevate nei ricettari vetrari del XIX secolo
Raw materials cited in the XIX century recipe manuscripts

La natura delle materie prime usate dai vetrai del passato è stata oggetto di indagine da parte di vari ricercatori; in un recente lungo lavoro di ricerca sono state individuate le materie prime citate in tutti i ricettari manoscritti sinora noti, molti dei quali trovati una quindicina di anni fa in alcune collezioni private; tali manoscritti coprono un arco di secoli dal XIV al XIX. Questa operazione, particolarmente laboriosa, ha permesso di registrare tutti i materiali citati (più di 600 voci rinvenute in una settantina di ricettari), mantenendo, oltre alla dizione originale, anche le varie aggettivazioni e, quando è data, l'indicazione dell'origine o provenienza dello stesso; è stata registrata anche, per ogni materia prima, indicazione del ricettario (per quelli più importanti) e del secolo in cui essa appare citata.

Di questo lavoro di archiviazione è stata data notizia in una relazione al Congresso della A.I.H.V. – Association International du Verre, tenutosi a Venezia nell'ottobre 1998, e poi in un articolo recentemente pubblicato (*Rivista della Stazione Sperimentale del Vetro* n. 1, 1999).

Vengono qui riportate solo le voci, estratte dall'archivio globale, relative alle citazioni rinvenute in una ventina di ricettari dell'Ottocento.

Per i commenti di carattere generale si rimanda all'articolo apparso nella *Rivista della Stazione Sperimentale del Vetro*.

The nature of the raw materials employed by Venetian glass makers has attracted the interest of a number of researchers. In a recent lengthy study, all the known early recipe books have been combed for any references they might contain to raw materials. Many of these manuscripts existing in private collections came to light about fifteen years ago. The sources range in time from the fourteenth to the nineteenth centuries. This difficult and laborious research has resulted in a check-list in which are transcribed all materials mentioned in the documents (more than 600 entries contained in some 70 recipe books). These have been transcribed in their original wording and spelling, including variants and qualifications, and, where possible, their origin and provenance. For each raw material, the principle manuscripts are cited in which it is mentioned, together with the century in which the book was compiled.

A report of this research was given at a meeting of the Association Internationale du Verre (A.I.H.V.) in Venice in October 1998, and in the *Rivista della Stazione Sperimentale del Vetro,* no. 1, 1999.

Drawing upon the general check-list mentioned above, the article offers a detailed discussion of recipes found in some twenty compilations of the nineteenth century.

For a general discussion of the subject, the reader is referred to the article recently published in the *Rivista della Stazione Sperimentale del Vetro*.

Bibliografia

1. Antonio da Pisa, XIV secolo, *Segreti per lavorar li vetri*, ms. n. 692 conservato all'Archivio della Comunale di Assisi, commentato da L. Zecchin

2. Anonimo, XVI secolo, *Recette per fare vetri colorati et smalti d'ogni sorte, havute in Murano 1536*, Manoscritto anonimo, n. H 486 all'Ecole de Medecine di Montpellier (Francia)

3. Anonimi, XIV-XV secolo, [*Ricette Toscane del '400*], ms. n. 797 conservato all'Archivio di Stato di Firenze, stampato a Bologna, editr. Forni, nel 1968 sulla edizione del 1864 a cura di G.Romagnoli, col titolo *Dell'Arte del Vetro per Musaico, tre trattatelli dei secoli XIV e XV*

4. V. Biringuccio 1540, *De la Pirotechnia* – 1540, ristampa con commento a cura A. Carugo, edizioni il Polifilo Milano (1977)

5. Henderson, J. 1985, *The raw materials of early glass production*, «Oxford Journal of Archaeology», 4 (3), 1985

6. Jacoby, D. 1993, *Raw materials for the glass industries of Venice and the Terraferma, about 1370 – about 1460*, «Journal of Glass Studies», 35, 1993

7. Miotti, V., *Libro secreti di smalti e paste e vivi colori di me VM ricopiato in altro libro Maestro*, manoscritto, collezione privata

8. Moretti, C. 1983, *Raw Materials used by the Murano glass-makers in the nineteenth century*, «Glass Technology», 1983 vol. 24, n. 4, pp. 177-183

9. Moretti, C., Hreglich, S. 1984, *Opacizzazione e colorazione del vetro mediante le anime*, «Rivista della Stazione Sperimentale del Vetro», 1 e 2, 1984

10. Moretti, C., Toninato, T. 1987, *Cristallo e Vetro di Piombo da ricettari del '500, '600 e '700*, «Rivista della Stazione Sperimentaledel Vetro», XVII, 1, 1987

11. Moretti, C., Toninato T. 1999, [*Ricettario anonimo del '500*], trascrizione, traduzione e commento in corso di pubblicazione

12. Neri, A. 1612, *L'Arte Vetraria* – 1612, ristampa con commento a cura di Rosa Barovier, ediz. Il Polifilo Milano (1980)

13. Neri, A., Merret, C., Kunckel, 1772, *Art de la Verrerie*, Paris edit. Durand - Pissot 1772 (Museo Correr Venezia vol. 2D8)

14. Sayre, E.V. 1963, *The intentional use of Antimony and Manganese in ancient glasses*, «Advances in glass technology» (part 2) 1963

15. Turner, W.E.S. 1956, *Studies in Ancient Glasses and Glassmaking Processes. Part V. Raw Materials and Melting Processes*; «J. Society Glass Technology», vol. XL, 1956, pag. 277T-300T

16. Zanetti, V., Cecchetti, B. 1874, *Monografia della Vetraria veneziana e muranese*, Tipografia Antonelli, Venezia, 1874

17. Zecchin, L. 1955, *Ricette Vetrarie del '400*, Camera di Commercio Industria e Agricoltura di Venezia - anno 1955, pp. 5-61

18. Zecchin, L. 1961 a, *Ricette vetrarie toscane del Quattrocento*, «Rivista della Stazione Sperimimentale del Vetro», 1961, 5, pp. 213-218

19. Zecchin, L. 1961 b, *Ricette vetrarie di ispirazione muranese nel Quattrocento*, «Rivista della Stazione Sperimentale del Vetro», 1961, 6, pp. 265-270

20. Zecchin, L. 1964, *Le ricette vetrarie di Montpellier*, «J.Glass Studies», VI 1964, pp. 75-82

21. Zecchin, L. 1982, *Ancora ricette vetrarie del Quattrocento*, «Rivista della Stazione Sperimentale del Vetro» 1982, 1, 33-38

22. Zecchin, L. 1986, *Il ricettario Darduin - Un codice vetrario del seicento trascritto e commentato*, edito da Stazione Sperimentale del Vetro (Arsenale Editrice, Venezia 1986, 265 pag.)

23. Zecchin, L. 1987, "Le ricette vetrarie di Montpellier", *Vetro e Vetrai di Murano*, volume I Arsenale Editrice Venezia (1987), pp. 248-276

24. Zecchin, L. 1990, "Materie prime e mezzi d'opera nei documenti veneziani", in *Vetro e vetrai di Murano* vol. III, Arsenale editrice, 1990

25. Zecchin, P. 1998, *I Fondenti dei vetrai muranesi*, «Rivista della Stazione Sperimentale del Vetro», n. 1 e 5, 1997 e n. 1, 1998

Materie prime rilevate nei ricettari vetrari del XIX secolo
Raw materials cited in the XIX century recipe manuscripts

Materia prima / Raw material	Classificazione / Classification	Formula chimica / Chemical formula	Note / Notes	Provenienza / Provenance
Aceto forte bianco	Mat.sussidiario	CH_3COOH	Aceto di vino bianco	
Acido nitrico o acido nitrato	Affinante	KNO_3	Dizione abbreviata per dire Nitrato Potassico	
Acido o asido	Affinante	KNO_3	Dizione abbreviata per dire Nitrato Potassico	
Acqua forte o acquaforte	Mat.sussidiario	HNO_3	Acido Nitrico	
Anima ballotta	Opacizz.colorante	Anima	Vetri basso fondenti opacizzati con Stannato e Antimoniato di Piombo	
Anima canarino	Opacizz.colorante	Anima	Vetri basso fondenti opacizzati con Stannato e Antimoniato di Piombo	
Anima carica	Opacizz.colorante	Anima	Vetri basso fondenti opacizzati con Stannato e Antimoniato di Piombo	
Anima gialla	Opacizz.colorante	Anima	Vetri basso fondenti opacizzati con Stannato e Antimoniato di Piombo	
Anima limone	Opacizz.colorante	Anima	Vetri basso fondenti opacizzati con Stannato e Antimoniato di Piombo	
Anima per ceraspagna	Opacizz.colorante	Anima	Vetri basso fondenti opacizzati con Stannato e Antimoniato di Piombo	
Anima per piombo	Opacizz.colorante	Anima	Vetri basso fondenti opacizzati con Stannato e Antimoniato di Piombo	
Anima Verde Porro	Opacizz.colorante	Anima	Vetri basso fondenti opacizzati con Stannato e Antimoniato di Piombo	
Antimonio (solfuro)	Opacizzante	Sb_2S_3	Stibina o antimonite, solfuro di antimonio naturale	
Antimonio di Rosenau	Opacizzante	Sb_2S_3	Stibina, solfuro di antimonio naturale	Rosenau (Gemania)
Antimonio di Ungheria	Opacizzante	Sb_2S_3	Stibina, solfuro di antimonio naturale in pani	Ungheria
Antimonio Regolo	Opacizzante	Sb	Regolo di antimonio ovvero antimonio metallico	
Argento (grani)	Colorante	Ag		
Argento di Filippo	Colorante	Ag	Moneta d'argento	
Argento di Scudo della Croce	Colorante	Ag	Moneta d'argento	
Argento in foglia	Metallo da ossid.	Ag		
Arsenico - arcinico - arsinico	Affin.-opacizz.	As_2O_3	Anidride arseniosa	
Arsenico bianco	Affin.-opacizz.	As_2O_3	Anidride arseniosa	
Arsenico bianco d'Amburgo	Affin.-opacizz.	As_2O_3	Anidride arseniosa	Amburgo (Germania)
Arsenico cristallin	Affin.-opacizz.	As_2O_3	Ottenuto da As_2S_3 (orpimento) + NaCl + distillazione	
Arsenico di Carinzia	Affin.-opacizz.	As_2O_3	Anidride arseniosa	Carinzia (Austria)
Arsenico di Germania	Affin.-opacizz.	As_2O_3	Anidride arseniosa	Amburgo (Germania)
Arsenico giallo	Affin.-opacizz.	As_2S_3	Orpimento: solfuro di arsenico giallo-bruno	
Arsenico nazionale	Affin.-opacizz.	As_2O_3	Anidride arseniosa	
Arsenico rosso di Amburgo	Mat.sussidiario	As_2S_2	Solfuro di arsenico rosso o realgar	Amburgo (Germania)
Arzento	Colorante	AgCl	Cloruro d'argento	
Arzento calcinato	Colorante	AgO	Ossido d'argento?	
Azal calcinato o brusà	Riducente		Acciaio calcinato	
Bavera	Stabilizzante		Feldspato sodico proveniente dalla Baviera	
Biacca del negozio Rubi	Piombo e Zinco	$PbCO_3.1/_2Pb(OH)_2$	Carbonato basico di piombo venduto nel negozio Rubi a Venezia	
Biacca o biaca forte	Piombo e Zinco	$PbCO_3.1/_2Pb(OH)_2$	Carbonato basico di piombo o idrocerussite, bianco	
Bicromato o cromato di potassio	Colorante	$K_2Cr_2O_7$	Bicromato potassico	
Boemia pesta	Vetro rottami	Rottami	Vetro calcio-potassico di produzione Boema	
Borace - boraso-beraso	Fond. vetrific.	$Na_2B_4O_7.10H_2O$	Tetraborato sodico decaidrato detto anche chrysocolla	

Materia prima / Raw material	Classificazione / Classification	Formula chimica / Chemical formula	Note / Notes	Provenienza / Provenance
Boraso raffinato	Fond. vetrific.	$Na_2B_4O_7.10H_2O$	Tetraborato sodico decaidrato detto anche chrysocolla	
Calcina (ma anche calce)	Stabilizzante	$CaCO_3$	Sale della calcina che serve per murare	
Calcina de piombo e stagno	Opacizzante	$PbO + SnO_2$	Ottenuta da calcinazione di piombo e stagno metallici	
Calcina di piombo-stagno per anime	Opacizzante	$PbO + SnO_2$	Calcina di piombo e stagno usata per fare le anime	
Calcina di piombo-stagno per pani	Opacizzante	$PbO + SnO_2$	"Calcina di piombo e stagno usata per fare i "pani"	
Calcina di piombo-stagno per smalti	Opacizzante	$PbO + SnO_2$	Calcina di piombo e stagno usata per fare gli smalti	
Caolino e caolino Barges o residuo Caol.	Stabilizzante		Caolino tipo o di Barges (?)	
Carbon e carbone di legna	Riducente	C	Carbone di legna in polvere	
Cenere di Catania	Fondente	$Na_2CO_3 + altri sali$	Cenere di piante marittime, cont. carbonato sodico e altri sali	Catania (Sicilia)
Cenere di felce o fuligo	Fondente	$K_2CO_3 + altri sali$	Ceneri di felce, contenenti carbonato potassico	
Cenere di fogher	Fondente	$K_2CO_3 + altri sali$	Cenere di faggio, ricca in sali di potassio	
Cenere di Sicilia	Fondente	$Na_2CO_3 + altri sali$	Cenere di piante marittime, cont. carbonato sodico e altri sali	Catania (Sicilia)
Cenere di Scoglieti o Terra Nova				
Cenere di soda	Fondente	$Na_2CO_3 + altri sali$	Cenere di piante marittime, cont. carbonato sodico e altri sali	
Cenere di Spagna	Fondente	$Na_2CO_3 + altri sali$	Cenere di piante marittime, cont. carbonato sodico e altri sali	Alicante (Spagna)
Cenere di toco (rocchetta)	Fondente	$Na_2CO_3 + altri sali$	Cenere di piante marittime, cont. carbonato sodico e altri sali	
Cenere di Tripoli di Barbaria	Fondente	$Na_2CO_3 + altri sali$	Cenere di piante marittime, cont. carbonato sodico e altri sali	Tripoli (Trablus-Libano)
Cenere polverino	Fondente	$Na_2CO_3 + altri sali$	Cenere di piante marittime, cont. carbonato sodico e altri sali	
Cenere rocchetta	Fondente	$Na_2CO_3 + altri sali$	Cenere di piante marittime, cont. carbonato sodico e altri sali	
Cobalto o ossido di cobalto	Colorante	CoO	Ossido di cobalto	
Cogoli bianchi	Vetrificante	SiO_2	Ciottoli quarzosi di fiume	
Cogoli del Tesino o cuocoli	Vetrificante	SiO_2	Ciottoli del fiume Ticino	Fiume Ticino (Pavia)
Cogoli di fiume macinati	Vetrificante	SiO_2	Ciottoli di fiume macinati	
Cogoli di Verona	Vetrificante	SiO_2	Ciottoli quarzosi dell'Adige	Fiume Adige (Verona)
Cogoli di Vicenza	Vetrificante	SiO_2	Ciottoli quarzosi	Vicenza
Colletti di cristallo	Vetro rottami	Rottami	"Collarini di vetro o "morsi" che restano attaccati alla canna da soffio"	
Corpo bruciato o fluato	Opacizzante		Corpo fluato: corpo opacizzante fatto con i fluoruri	
Cottizo da smalti	Vetro cottizzo	Cottizzo	Cottizzo per fare gli smalti	
Cottizzo di bogidi o di pani di bogido	Vetro cottizzo	Cottizzo	Cottizzo di vetro fatto con ceneri lisciviate	
Cottizzo di cenere	Vetro cottizzo	Cottizzo	Cottizzo di vetro fatto con le ceneri non depurate	
Cottizzo di cristallo	Vetro cottizzo	Cottizzo	Cottizzo di vetro fatto con ceneri lisciviate	
Cottizzo di fritta comun	Vetro cottizzo	Cottizzo	Cottizzo fatto con la fritta comune	
Cottizzo di Natron o Nitron	Vetro cottizzo	Cottizzo	Cottizzo di vetro fatto col Natron	
Cottizzo di nitrato	Vetro cottizzo	Cottizzo	Cottizzo di vetro fatto col nitrato sodico	
Cottizzo di nitro	Vetro cottizzo	Cottizzo	Cottizzo di vetro fatto col nitrato potassico	
Cottizzo di piombo	Vetro cottizzo	Cottizzo	Cottizzo fatto col vetro di piombo	
Cottizzo di sal	Vetro cottizzo	Cottizzo	Cottizzo di sal di vetro ovvero fatto con ceneri lisciviate	
Cottizzo di soda	Vetro cottizzo	Cottizzo	Cottizzo di vetro fatto con le ceneri non depurate	
Cottizzo di vetro	Vetro cottizzo	Cottizzo	Cottizzo di sal di vetro ovvero fatto con ceneri lisciviate	
Cottizzo dolce - tenero	Vetro cottizzo	Cottizzo		
Cottizzo duro	Vetro cottizzo	Cottizzo		
Cottizzo fatto a cao	Vetro cottizzo	Cottizzo	Cottizzo di vetro fatto per metà con ceneri lisciviate per metà con ceneri	
Cottizzo o cotiso	Vetro cottizzo	Cottizzo		

Materia prima / Raw material	Classificazione / Classification	Formula chimica / Chemical formula	Note / Notes	Provenienza / Provenance
Cottizzo solito-comun- ordinario	Vetro cottizzo	Cottizzo	Cottizzo di vetro fatto con ceneri tal quali	
Cremor pesto	Fond.riducente	$KHC_4H_4O_6$	Tartrato acido di potassio	
Criolite	Opacizzante	$AlF_3.3NaF$	Criolite o fluo-alluminato sodico	
Crocco bruciato	Colorante	Fe_2O_3	Ossido di ferro	
Crocco nazionale	Colorante	Fe_2O_3	Ossido di ferro	
Crocco rosso	Colorante	Fe_2O_3	Ossido di ferro	
Croco - crocoferro- croco di ferro	Colorante	Fe_2O_3	Ossido di ferro	
Croco di Marte	Colorante	Fe_2O_3	Ossido ferrico detto anche Zafferano di Marte	
Cromo e ossido di cromo	Colorante	Cr_2O_3	Ossido di cromo verde	
Feldspato e feldspato Bavera	Stabilizzante		Feldspato sodico proveniente dalla Baviera	
Feldspato L. e Feldspato Cal. e Feldspato Bonetti				
Fontenblè (Fontainebleau) sabbia	Vetrificante	SiO_2	Sabbia di Fontainebleau	Fontainebleau (Francia)
Fritta (con cenere) di toco	Fritta		Fritta fatta con cenere di toco, in pezzi	
Fritta a cao a cao	Fritta		Fritta fatta con metà ceneri tal quali e metà ceneri lisciviate	
Fritta comune - ordinaria	Fritta		Fritta fatta con ceneri tal quali	
Fritta di o per alabastro	Fritta		Fritta per Alabastro	
Fritta di (soda di) Sicilia	Fritta		Fritta fatta con Soda di Catania	
Fritta di cenere di soda	Fritta		Fritta fatta con ceneri tal quali	
Fritta di latimo	Fritta		Fritta per fare il Lattimo	
Fritta di Malta	Fritta		Fritta fatta con la cenere di Malta	
Fritta di Natron o cotron o latron	Fritta		Fritta fatta con Natron	
Fritta di nero	Fritta		Fritta per fare il Nero	
Fritta di nitron	Fritta		Fritta fatta col Natron	
Fritta di potassa	Fritta		Fritta fatta con Potassa	
Fritta di sal (fata col sal) di cenere	Fritta		Fritta fatta con Cenere depurata per lisciviazione	
Fritta di sal di cristallo	Fritta		Fritta fatta con Cenere depurata per lisciviazione	
Fritta di sal di soda	Fritta		Fritta fatta con Cenere depurata per lisciviazione	
Fritta di toco (di Sicilia)	Fritta		Fritta fatta con la cenere di Sicilia, in pezzi grossi	
Fritta di vetro	Fritta		Fritta fatta con Cenere depurata per lisciviazione	
Fritta di Zabao	Fritta		Fritta per vetro nero e giallo, colorata in giallo ambra	
Fritta gialla	Fritta		Fritta per vetro nero e giallo, colorata in giallo ambra	
Granzioli di rame	Riducente	Cu	Rame in granelli	
Grepola calcinata	Fondente	K_2CO_3	Carbonato potassico ottenuto dalla calcinazione della gruma di botte	
Gripola bianca	Fond.riducente	$K_2C_4H_4O_6.1/2H_2O$	Gruma delle botti contenente tartrato potassico	
Gripola bianca brusada	Fondente	K_2CO_3	Carbonato potassico ottenuto dalla calcinazione della gruma di botte	
Gripola negra del Friuli	Fond. riducente	$K_2C_4H_4O_6.1/2H_2O$	Gruma delle botti (vino rosso) contenente tartrato potassico Friuli	
Lapis ematitis	Colorante	Fe_2O_3	Ematite nera o rossa: ossido di ferro	
Lastra franta	Vetro rottami	Rottami	Rottami di lastre fatto con antimonio	
Lire austriache	Colorante	Ag	Moneta d'Argento usata come fonte d'argento, detta anche svanzica	Austria
Litargirio	Piombo e Zinco	PbO	Mono-ossido di piombo giallo	
Lume cattina o catina (di Soria)	Fondente	Na_2CO_3 + altri sali	Allume cattina	Siria
Macaure o macadure	Vetro rottami	Rottami	Rottame di vetro proveniente dalla testa della canna da soffio	
Manganese (negro) o manesia	Colorante	MnO_2	"Biossido di manganese detto anche "magnesia nera"	
Manganese della Bosnia	Colorante	MnO_2	Biossido di manganese	Bosnia
Manganese di Genova	Colorante	MnO_2	Biossido di manganese	Genova
Manganese di Piemonte	Colorante	MnO_2	Biossido di manganese	Piemonte

Materia prima / Raw material	Classificazione / Classification	Formula chimica / Chemical formula	Note / Notes	Provenienza / Provenance
Marogna pesta	Riducente	$Fe\text{-}FeO\text{-}Fe_2O_3$	Scorie derivanti dalla battitura del ferro	Maniago (Friuli)
Minio	Piombo e Zinco	Pb_3O_4	Ossido di piombo rosso- Pb_3O_4, ottenuto per calcinaz. del massicot (PbO)	
Minio barileti o di barile	Piombo e Zinco	Pb_3O_4	Ossido di piombo rosso contenuto in piccoli barili	
Minio Bleiberg	Piombo e Zinco	Pb_3O_4	Minio ottenuto per calcinazione del piombo della miniera di Bleiberg	Bleiberg (Carinzia)
Minio buono fin	Piombo e Zinco	Pb_3O_4	Ossido di piombo rosso	
Minio commun	Piombo e Zinco	Pb_3O_4	Ossido di piombo rosso	
Minio di Carinzia	Piombo e Zinco	Pb_3O_4	Minio ottenuto per calcinazione del piombo della miniera di Bleiberg	Carinzia (Austria)
Minio di rulli	Piombo e Zinco	Pb_3O_4	Ossido di piombo rosso ottenuto dalla calcinazione di profili di piombo	
Minio di scacha	Piombo e Zinco	Pb_3O_4	Ossido di piombo rosso tratto per calcinazione da scaglie di piombo	
Minio di Spagna	Piombo e Zinco	Pb_3O_4	Ossido di piombo rosso	Spagna
Minio di Zecca	Piombo e Zinco	Pb_3O_4	Ossido di piombo rosso ottenuto da calcinazione di scarti di piombo della Zecca di Venezia	Venezia
Minio in lastra	Piombo e Zinco	Pb_3O_4	Ossido di piombo rosso ottenuto da calcinazione di piombo in lastre	
Minio inglese	Piombo e Zinco	Pb_3O_4	Ossido di piombo rosso	Inghilterra
Minio S.Louis	Piombo e Zinco	Pb_3O_4	Ossido di piombo rosso	St.Louis
Natron d'Egitto	Fondente	Na_2CO_3 + altri sali sodici	Soda naturale estratta da laghi prosciugati tanto sal quanto cuogolo	Wadi Natrum (Egitto)
Natron di Alessandria	Fondente	Na_2CO_3 + altri sali sodici	Soda naturale estratta da laghi prosciugati	Alessandria (Egitto)
Natron di Tripoli di Barbaria	Fondente	Na_2CO_3 + altri sali sodici	Soda naturale estratta da laghi prosciugati	Tripoli (Trablus-Libano)
Nitrato (di sodio)	Affinante	$NaNO_3$	Nitrato sodico	
Nitro	Affinante	KNO_3	Dizione abbreviata per dire Nitrato Potassico	
Nitro di Alessandria grezzo	Affinante		Nitro o Natron?	Alessandria (Egitto)
Nitro di Calcuta	Affinante	KNO_3	Dizione abbreviata per dire Nitrato Potassico	Calcutta (India)
Nitro di Finanza (grezzo, raffinato)	Affinante	KNO_3	Dizione abbreviata per dire Nitrato Potassico	Venezia
Nitro di Firenze	Affinante	KNO_3	Dizione abbreviata per dire Nitrato Potassico	Firenze
Nitro di Londra	Affinante	KNO_3	Dizione abbreviata per dire Nitrato Potassico	Londra
Nitro di Milano (raffinato)	Affinante	KNO_3	Dizione abbreviata per dire Nitrato Potassico	Milano
Nitro di Modena	Affinante	KNO_3	Dizione abbreviata per dire Nitrato Potassico	Modena
Nitro di Stato Pontificio	Affinante	KNO_3	Dizione abbreviata per dire Nitrato Potassico	Stato Pontificio
Nitro di Trieste	Affinante	KNO_3	Dizione abbreviata per dire Nitrato Potassico	Trieste
Nitro di Venezia	Affinante	KNO_3	Dizione abbreviata per dire Nitrato Potassico	Venezia
Nitro fin foresto	Affinante	KNO_3	Dizione abbreviata per dire Nitrato Potassico	
Nitro grezzo	Affinante	KNO_3	Dizione abbreviata per dire Nitrato Potassico	
Nitro mezzo per sorte	Affinante	KNO_3	Dizione abbreviata per dire Nitrato Potassico	
Nitro neve	Affinante	KNO_3	Dizione abbreviata per dire Nitrato Potassico in polvere fine	
Nitro nostrano	Affinante	KNO_3	Dizione abbreviata per dire Nitrato Potassico	Venezia
Nitro raffinato	Affinante	KNO_3	Dizione abbreviata per dire Nitrato Potassico	
Nitron e nitron di tocco	Fondente	Na_2CO_3 + altri sali sodici	Natron in pezzi	
Ongari o Ungari (d'oro)	Colorante	Au	Moneta d'oro il cui metallo, sciolto con acqua regia, serviva a colorare	Ungheria

Materia prima Raw material	Classificazione Classification	Formula chimica Chemical formula	Note Notes	Provenienza Provenance
Oro	Colorante	Au	Oro metallico	
Oro zecchini	Colorante	Au	Moneta d'oro usata come fonte di oro metallico	
Ossido d'arsenico	Affin.-opacizz.	As_2O_3	Anidride arseniosa	
Ossido di leva	Colorante			
Piombo Bleiberg	Metallo da ossid.	Pb	Galena, Solfuro di piombo della miniera di Bleiberg	Carinzia (Austria)
Piombo bruciato (brusado)	Piombo e Zinco	PbO	Litargirio: mono-ossido di piombo giallo	
Piombo di gagiandra	Metallo da ossid.	Pb	Piombo in barre usato come zavorra delle navi	
Piombo di Inghilterra	Metallo da ossid.	Pb	Piombo inglese	Inghilterra
Piombo di Ragusei	Metallo da ossid.	Pb	Piombo di Ragusa (Dalmazia)	Ragusa (Dalmazia)
Piombo in lastra	Metallo da ossid.	Pb	Piombo in lastre	
Piombo in verga	Metallo da ossid.	Pb	Piombo in verghe	
Piombo Pertusola	Metallo da ossid.	Pb	"Piombo della miniera "argentiera" di Pertusola"	S.Pietro di Cadore (BL)
Piombo Plaiter / Plaiper / Plaipur / Splaiter cioè tedesco	Metallo da ossid.	Pb	Peltro (lega di piombo e stagno) denominato commercialmente Splaiter	
Potassa di Illiria	Fondente	K_2CO_3	Carbonato potassico	Illiria
Potassa d'Ungheria	Fondente	K_2CO_3	Carbonato potassico	Ungheria
Potassa o potas o potaso o Salpotas	Fondente	K_2CO_3	Carbonato potassico	
Quogolo bianco	Vetrificante	SiO_2	Ciottoli quarzosi	
Rame calcinato o cotto o arso	Colorante	Cu_2O	Ossido di rame rosso o rameoso	
Rame cruo (crudo)	Metallo da ossid.	Cu ?	Rame metallico per fare l'avventurina	
Rame dalli calderari	Metallo da ossid.	Cu	Sfridi di rame derivanti dalla lavorazione dei calderai	
Rame in lamine sottili o laminete	Metallo da ossid.	Cu	Rame metallico in lamine	
Rame in scaglie	Metallo da ossid.	Cu	Scaglie di rame metallico	
Rame pesto o battuto o batudo	Metallo da ossid.	Cu	Rame battuto	
Rame raspaure o limatura di rame	Metallo da ossid.	Cu	Limature di rame metallico	
Ramina	Colorante	CuO	Ossido di rame nero, rameico	
Ramina - scaglie di rame dai calderai	Metallo da ossid.	Cu	"Sfridi di rame derivanti dalla lavorazione dei calderai; anche ramino"	
Ramina brusata	Colorante	CuO		
Ramina di prima cotta	Colorante	Cu_2O	Ossido di rame rosso	
Ramina di secchio vecchio	Metallo da ossid.	Cu	Rame metallico	
Ramina di tre cotte o di terza cotta	Colorante	CuO	Ossido di rame nero, rameico	
Ramina negra	Colorante	CuO	Ossido di rame nero, rameico	
Ramina rossa o rame rosso	Colorante	Cu_2O	Ossido di rame rosso o rameoso	
Regolo di antimonio	Opacizzante	Sb	Antimonio metallico	
Retrigerio	Piombo e Zinco	PbO	Mono-ossido di piombo - giallo - Litargirio	
Rocchetta di Spagna	Fondente	Na_2CO_3 + altri sali	Cenere sodica di origine Spagnola - grossa	Spagna
Rottami di specchio o specchio franto	Vetro rottami	Rottami	Sfridi e rottami di specchi	
Rotti	Vetro rottami	Rottami	Rottami di vetro	
Rotti di Boemia	Vetro rottami	Rottami	Rottami di vetro di Boemia o ad uso di Boemia	Boemia
Rotti di piombo	Vetro rottami	Rottami	Rottami di vetro al piombo	
Rui delli finestreri	Vetro rottami	Rottami	"Rottami dei dischi di vetro usati nelle finestre «a rui»"	
Sabbia di Pola	Vetrificante	SiO_2	Sabbia silicea	Pola (Istria)
Sabbia di Soratte	Vetrificante	SiO_2	Sabbia silicea	Monte Soratte (Lazio)
Sabbia Fontainebleau	Vetrificante	SiO_2	Sabbia silicea	Fontainebleau (Francia)
Sabbia o sabion di Trapani	Vetrificante	SiO_2	Sabbia silicea	Trapani (Sicilia)

Materia prima Raw material	Classificazione Classification	Formula chimica Chemical formula	Note Notes	Provenienza Provenance
Sal comun	Affinante	NaCl	Cloruro sodico, usato come opacizz. per la sua scarsa solubilità	
Sal di bogido	Fondente lisciv.	Na_2CO_3 *	Ceneri lisciviate	
Sal di potassa	Fondente lisciv.	K_2CO_3 +	Carbonato sodico ottenuto dalla lisciviazione della potassa	
Saldame del Friuli	Vetrificante	SiO_2	Sabbia silicea	Polcenigo-Friuli
Saldame di Pola	Vetrificante	SiO_2	Sabbia silicea	Pola (Istria)
Saldame giallo o bianco	Vetrificante	SiO_2	Sabbia silicea di cava	
Sale comune	Affinante	NaCl	Cloruro sodico	
Sale di cristallo	Fondente lisciv.	Na_2CO_3 *	Ceneri sodiche lisciviate	
Salnitro greso o grezzo	Affinante	KNO_3	Dizione commerciale per il Nitrato Potassico	
Salnitro nostran	Mat.sussidiario	KNO_3	Nitrato potassico	Treviso, Bassano, Castelfranco
Salnitro rafinato o lavato	Affinante	KNO_3		
Scagia (de ferro) che casca da l'ancuzene	Riducente	$FeO + Fe_2O_3$	Scaglie di ossidi di ferro	
Scaglia di ferro delle ancore dell'Arsenal (Scaglia di ferro) de quel che se frega li spechi (suto, pestato)	Riducente	$FeO + Fe_2O_3$	Scaglie di ossidi di ferro	
Scaglia di rame pesta	Riducente	Cu	Scaglie di rame	
Semola di farina bianca	Riducente			
Soda	Fondente	Na_2CO_3	Soda naturale	
Soda artificiale	Fondente	Na_2CO_3	Soda artificiale prodotta con processo Leblanc o Solvay	
Soda di Catania	Fondente	Na_2CO_3 + altri sali	Soda ottenuta da ceneri di piante	Catania (Sicilia)
Soda fine, pesta	Fondente	Na_2CO_3	Cenere sodica di origine orientale - pestata e setacciata	
Soda rocchetta	Fondente	Na_2CO_3 + altri sali	Cenere sodica di origine orientale - grossa	
Soda Solvay	Fondente	Na_2CO_3	Soda artificiale prodotta con processo Solvay	
Solfare in canela	Mat.sussidiario	S	Solfo	
Solfare-solfere-solfaro	Mat.sussidiario	S	Solfo	
Solfato o solfatto di soda	Fondente affin.	Na_2SO_4	Solfato sodico	
Spatoflore	Opacizzante	CaF_2	Spatofluore	
Spirito di nitro	Mat.sussidiario	HNO_3 ?	Acido nitrico?	
Stagno di Fiandra	Metallo da ossid.	Sn	Stagno metallico dalla Fiandra	Fiandra
Stagno di giosa	Metallo da ossid.	Sn	Stagno o zinco metallico raccolto in gocce	
Stagno di o del canaletto	Metallo da ossid.	Sn	Stagno o zinco metallico raccolto in canaletti	
Stagno di ristelo o restelo Stagno del restel vecchio	Metallo da ossid.	Sn	Stagno o zinco metallico raccolto in griglie	
Stagno fine	Metallo da ossid.	Sn		
Stagno in verga	Metallo da ossid.	Sn		
Stagno inglese	Metallo da ossid.	Sn		Inghilterra
Tartaro di Bologna	Fond.riducente	$K_2C_4H_4O_6.1/2H_2O$	Greppola di vino o gruma di botte, tartrato potassico	Bologna
Terra e terra bianca e tera fina	Vetrificante	SiO_2	Sabbia silicea	
Terra del Friuli	Vetrificante	SiO_2	Sabbia silicea (vedi saldame)	Polcenigo-Friuli
Terra di Lissa o Lisia Terra Ind. ('900)	Vetrificante	SiO_2	Sabbia silicea proveniente dalle cave di Lissa, isola Dalmata	Lissa (Dalmazia)
Terra di Pola o d'Istria, bianca	Vetrificante	SiO_2	Sabbia silicea proveniente da una cava a Pola (Istria)	Pola (Istria)
Terra di Polcenigo	Vetrificante	SiO_2	Sabbia silicea proveniente da una cava a Polcenigo (PN)	Polcenigo-Friuli
Terra di Trapani	Vetrificante	SiO_2	Sabbia silicea proveniente da Trapani (Sicilia)	Trapani (Sicilia)
Terra di Vicenza	Vetrificante	SiO_2	Sabbia silicea da Vicenza	Vicenza

Terra gialla	Vetrificante	SiO_2	Sabbia silicea	
Tucia o tutia Lisandrina o d'Alessandria	Piombo e Zinco	ZnO	Tuzia, proviene da depositi di distillazione nei forni per ottone	Alessandria (Egitto)
Verderame o verde de rame	Colorante	$Cu(C_2H_3O_2)$. $CuO.6H_2O$	Acetato basico di rame	
Vetro Salviati	Vetro rottami	Rottami	Rottami di vetro della vetreria Salviati	
Zafara-zaffara-zafra	Colorante	$CoO + SiO_2$	Prodotto ottenuto per arrostimento della Cobaltite e diluito con silice	
Zaffarina	Colorante	$CoO + SiO_2$	Zaffera con minime percentuali di Cobalto	
Zaffera di Sassonia	Colorante	$CoO + SiO_2$	Prodotto ottenuto per arrostimento della Cobaltite e diluito con silice	Sassonia (Germania)
Zaffera marca F.S.	Colorante	$CoO + SiO_2$	Prodotto ottenuto per arrostimento della Cobaltite e diluito con silice -del tipo F.S. (Ferrovie dello Stato?)	
Zaffera o zaffaro di miniera	Colorante	$CoO + SiO_2$	Prodotto ottenuto per arrostimento della Cobaltite e diluito con silice	
Zaffera tamisada	Colorante	$CoO + SiO_2$	Prodotto ottenuto per arrostimento della Cobaltite e diluito con silice	
Zaffera-zaffara	Colorante	$CoO + SiO_2$	Prodotto ottenuto per arrostimento della Cobaltite e diluito con silice	
Zecchini (d'oro)	Colorante	Au	Moneta d'oro il cui metallo, sciolto con acqua regia, serviva a colorare	
Zolfo pesto	Mat.sussidiario	S	Solfo pesto	

Ricettari manoscritti del XIX secolo
XIX century recipes manuscripts

Francesco Ongaro. *Libro delle Composizioni Smalti n. 6 - F.O.1804*

Benedetto Barbaria. *Numero quaranta Partite ossia composizioni per comporre gli smalti - vetro d'ogni più fino colore per uso contarie, non comune a quelle di altri Tecnici. Le suddette sono estratte dal Libro Secreti del fu Benedetto Barbaria da esso chiamato Libro d'Oro 1820*

Gian Battista Barbini. *Dono al Signor Eliodoro per Zanello F.lli - Libro composioni*, 1828-1841 Archivio Museo Vetrario - Murano

Angelo Barbini di Andrea. *LIBRO SACRETI da Perleri e Margariteri, pani, Rangus e Grani a spedo di Ferari (qui)vi ed ora Manegiati de me Angelo Barbini, più sacreti dei Miotti, di Roseto e di Ongaro detto quagiotto. Copiato hanno del Siniore Genaro 1830* (Angelo Barbini di Andrea   1806-1830)

Giovanni Battista Barbini. *COMPOSIZIONI rafinate de me Giovanni Battista Barbini l'anno 1832*

Antonio Barbini. *Benedisite omnia opera Domini domino laudate e superesaltate eun in secula - Io Antonio Barbini fasio di mia pena copia delli miei libri sacreti cana smalti, esendo meritevole di tale ogeto* (copiato) 1836-1844

Angelo Barbini. *Libro N. 2 1836-1860*

Isidoro Barbon. *LAUS DEO - 1843 li 13 aprile 1843 Partie Colancemi e Massiccio 1830-1843*

Andrea Barbini. *Libro Sacreti (Partie di Bertolini e Partie di Ferrari)*

Anonimo. *Libro Partite ossia Composizioni dei Colori in Vetro, servibile pel lavoro della Canna da Margariteri, per Conterie e Collane, pella Canna da Perleri e pegli Smalti in Pani e Lastre colorate; nonché di varie partite di Avventurina 1847*

Anonimo. *REGISTRO Partite Smalti e Canna*

F.lli Bertolini. *Partie di ogni sorte di Pani teneri e duri dogni colore Della Fabbrica Fratelli Bertolini di Murano - LIBRO TERSO*

Anonimo. *Li 1mo Marzo 1863 - DOM - Composizione Cornioletta*

Anonimo. *10 Nap. titolo 90 - 10 Ongari 99*

Anonimo. *Partita Rubino per Cannetta e Margarite*

Anonimo. *Li 14 9bre 1835*

Anonimo. *Laus Deo - 8 Giugno '55*

Anonimo. *li 10 febb. 1862*

Adolfo Zecchin [*1897 Partite vecchie, 1898-1899 Partite nuove fatte con la Società*]

Collana e tre braccialetti di perle soffiate e a lume, Murano, Salviati & Co., 1868. Diam. (di una perla grossa) 20,6 mm.

Necklace and three bracelets of hollow glass beads, blown and lamp-worked. Murano, Salviati & Co., 1868. Diam. (of a single large bead) 20.6 mm. Victoria & Albert Museum (VAM 900&A; 902B; 903A-1868) Photo V&A Picture Library

Giovanni Sarpellon

Le perle veneziane: un tesoro da scoprire
Venetian glass beads: an undiscovered treasure

Il vetro e le perle

La storia del vetro comincia, probabilmente, con una perla. Nessuno potrà mai sapere come ebbe origine il vetro: la sua comparsa è nascosta nelle nebbie della storia e ogni ipotesi deve basarsi su scarsi e incerti indizi. Ciò su cui gli studiosi sembrano concordare è che anche l'invenzione del vetro si deve probabilmente al caso, certo aiutato dallo spirito di osservazione e dall'intuito di qualche artigiano.

Per ottenere il vetro servono essenzialmente due cose: sabbia silicea e fuoco potente. Nell'antichità questi elementi si trovavano riuniti nelle officine dei ceramisti e dei fabbri: la creta infatti è essenzialmente un impasto di silice mista ad altre impurità, mentre la sabbia era usata nelle forge dei fabbri per contenere il combustibile che veniva ravvivato da un soffio d'aria. L'esposizione prolungata della sabbia alle elevate temperature che si ottengono in un'officina metallurgica (soprattutto in occasione della fusione dei metalli) può dare origine alla colatura del vetro, specialmente in presenza di ceneri che, com'è noto, possono svolgere il ruolo di fondenti e abbassare quindi il punto di fusione del vetro[1]. La prima casuale apparizione del vetro può peraltro aver avuto luogo nella fornace di un ceramista che, impastata una creta che alla silice univa come impurità soda, potassa o altri fondenti, la cucinò a un fuoco più vigoroso del normale, arrivando alla temperatura sufficiente per la fusione e ottenendo così il primo, ancorché imperfetto, pezzo di vetro. Fra i reperti archeologici dei millenni passati si trovano infatti degli oggetti che difficilmente possono essere classificati, essendo un po' ceramica e un po' vetro. Fra questi oggetti si trovano soprattutto perle!

Le perle di questo nuovo materiale risultarono certamente più attraenti di quelle di semplice terracotta, perché la presenza di ossidi nell'argilla utilizzata conferiva

Glass and glass beads

In all probability the history of glass originates with a bead. No one really knows how glass was discovered: its beginnings are hidden in the mists of time, and any hypothesis must inevitably rest on a few scraps of unreliable information. Authorities do agree that the invention of glass probably occurred by chance, aided by the keen observation and intuition of some bright craftsman.

Glass is made with basically two ingredients: silica sand and a very hot fire. In antiquity, these elements were found in the workshops of potters and blacksmiths; clay is, in fact, mostly a mixture of silica and other impurities, while sand was used in the smithy's forge to keep the fire under control as it was increased by means of bellows. The sands prolonged exposure to the high temperature of the forge (especially during the casting of metal) could result in its liquefying, especially when ashes were present. It is a well known fact that ashes may act as a melting agent and thus lower the melting point of sand.[1] The first accidental creation of glass could also have come about in the potters kiln, where clay containing both silica and impurities such as soda and potassium or other melting agents, could have been fired at an usually high temperature. When a sufficiently high temperature for melting was reached, the result could well have been the first roughly formed piece of glass. Among the archaeological remains of past millenniums, certain objects have been found that defy classification, being partly pottery and partly glass. And most of these objects are beads.

Beads made of this new material must certainly have seemed more attractive than those in simple terracotta,

loro varie colorazioni; la lucentezza e la trasparenza assicuravano inoltre al vetro un fascino del tutto particolare.

È quindi possibile che la storia del vetro sia cominciata proprio con le perle, questi minuti oggetti che per l'infinita varietà delle forme e dei decori non hanno mai cessato di suscitare un grande interesse, e non solo fra le signore!

Molti indizi fanno ritenere che la storia del vetro sia cominciata in Mesopotamia ed è lì, infatti, che sono state ritrovate le perle più antiche, vecchie di oltre quattromila anni.

L'antico Egitto ci ha poi lasciato esemplari stupendi nella produzione delle perle, sia che si tratti di minute perline monocrome, usate in una sorta di speciale tessitura di ornamenti (collane, cinture, braccialli...), sia attraverso perle molto elaborate, emanazione della tecnica del vetro-mosaico, che in quelle regioni raggiunse livelli di grande perfezione già a partire dal IV secolo a. C.

Val forse la pena di ricordare il particolare legame fra lo sviluppo del vetro mosaico e la produzione di perle di grande bellezza. L'elemento base sia dell'uno che delle altre sono le bacchette di vetro (o "canne", come si dice a Murano) contenenti in tutta la loro lunghezza un qualche disegno che si palesa uguale ogni volta che dalla bacchetta si taglia una fettina: può essere una semplice stella, ma anche un complesso fiore, così come il volto di una persona o di una divinità. Queste bacchette, tagliate perpendicolarmente al loro asse in tante tessere, erano usate per produrre, con un successivo passaggio al fuoco, quei bellissimi piatti, ciotole o coppe che (nel XIX secolo) saranno chiamati vetri murrini.

Le stesse bacchette furono usate anche per produrre perle. La tecnica, sostanzialmente, è rimasta la stessa da secoli: attorno a un supporto metallico si accumula progressivamente del vetro rammollito al fuoco di una lampada la cui fiammella viene potenziata da un soffio d'aria (è quello che oggi si chiama vetro lavorato "a lume"); le tessere contenenti il disegno vengono sovrapposte nella fase finale, ricoprendo così la superficie esterna della perla.

Pur essendo due le fondamentali tecniche di produzione di perle di vetro (a lume e di canna), la varietà delle perle prodotte nei millenni è incredibile e seguirne l'evoluzione nel tempo è impossibile. Venezia, che per molti secoli fu un centro di produzione vetraria di importanza mondiale, alimentò anche una enorme produzione di perle. I perlai, raccolti in una corporazione di mestiere fin

because of the varied colours resulting from the oxides present in the clay. And the unique brilliance and transparency of glass also gave it a special fascination.

It is possible, then, that the history of glass really does begin with beads, these tiny objects whose infinite variety of shape and pattern has never failed to be admired and not just by the ladies!

There are a good many indications that the history of glass begins in Mesopotamia; in fact it is there that the earliest beads have been found, more than 4,000 years old.

Marvellous examples have also come down to us from Ancient Egypt, both in the form of tiny monochrome beads that were used in a special sort of woven ornament (such as necklaces, belts and bracelets), and in the elaborate patterns of mosaic glass beads, which reached a very high level of workmanship as early as the IV century B.C.

It is worth remembering that there was a close connection between the development of mosaic glass and the production of high quality beads. The basic element in both these activities is the glass rod (or cane – canna – as it is called on Murano) which bears along its entire length a design that remains unchanged wherever the rod is sliced into segments. This may be a simple star shape, a complex flower or even a face, human or divine. Cut vertically into small tesserae, they are fired together to create the plates, bowls and goblets known in the 19th century as murrina glass.

These rods were also used in bead-making. The method has remained practically unchanged over the centuries: softened glass is gathered round a metal core and worked over a lamp, the flame of which was regulated by means of a bellows (nowadays known as lampwork). The tesserae carrying the design are superimposed at the final stage, covering the outside surface of the bead.

Although there are only two basic methods of bead-making, lamp-work and with glass rods, beads of an incredible variety have been made over the ages. It would be impossible to trace their evolution over such an expanse of time. Venice, which for centuries was a

dal 1308[2], contribuirono non poco ai fiorenti commerci della Serenissima e mantennero la loro importanza anche nei periodi di maggior crisi dell'arte vetraria muranese. Con la caduta della Repubblica Veneta nel 1797, tutta l'economia veneziana fu sconvolta; Murano in particolare fu colpita da una terribile recessione alla quale contribuì non solo la rovina della rete commerciale, ma anche il mutamento dei gusti e della moda che spinse a favorire le produzioni in cristallo pesante (intagliato e decorato) della fabbriche boeme e francesi. Parziale eccezione, in questo disastro generale, faceva il comparto delle perle che, con la sua richiesta di materia prima, impedì che le fornaci muranesi arrivassero alla totale chiusura nella prima metà dell'Ottocento.

La successiva rinascita dell'industria vetraria nella seconda metà del secolo si accompagnò poi con un ulteriore potenziamento dell'attività perliera, sostenuta dai nuovi mercati che si andavano aprendo nei territori coloniali e da un favorevole (questa volta!) cambiamento della moda.

Le perle di Venezia

Nonostante la grande importanza che la fabbricazione delle perle ebbe nella millenaria vicenda del vetro di Murano, la storia di questi minuscoli manufatti è ancora poco conosciuta, quanto meno per ciò che riguarda la sicura identificazione dei diversi tipi prodotti nel corso dei secoli e l'individuazione dei più importanti produttori. Questa difficoltà deriva dalla natura stessa delle perle di vetro che, pur essendo oggi motivo di grande interesse per appassionati collezionisti e studiosi, sono sempre rimaste nell'ambito di un artigianato per lo più anonimo e complessivamente di poco valore e, quindi, poco documentato. Oltre che sui non molti esemplari custoditi nei musei e su quelli che emergono in alcuni ritrovamenti archeologici, lo sviluppo della ricerca fa affidamento sulla raccolta dei campionari che commercianti e artigiani approntavano per i loro clienti. Purtroppo anche questi materiali, per la loro natura strumentale, raramente venivano conservati una volta esaurita la funzione alla quale erano destinati e costituiscono oggi una rarità. È comunque sicuro che il nome, e le vicende, di quello stuolo di modesti artigiani che, davanti alla fiamma puzzolente di un lume, crearono quei piccoli capolavori resterà per sempre ignoto.

centre of world-wide importance in glass-making, also produced an enormous quantity of beads. The beadmakers, who by 1308[2] were organised into an artisans guild, made a substantial contribution to the flourishing commerce of the Serenissima, and retained their importance even during the subsequent economic crises of the glass-making industry of Murano. With the fall of the Veneto Republic in 1797, its entire economy collapsed; Murano in particular suffered from the ensuing recession caused both by the interruption of commerce and a general change of taste which favoured the heavy cut and incised glass produced in Bohemia and France. As a partial exception during this disastrous period, however, the production of beads continued; this industry's need of basic materials kept the furnaces of Murano from closing down completely during the first half of the nineteenth century.

The subsequent rebirth of the glass industry in the second half of the century was accompanied by a growth in bead-making, aided by the presence of new markets in the colonies and a further change of taste (a positive one this time!).

Venetian beads

In spite of the great importance of bead-making during the thousand-year history of Muranese glass, the history of these tiny artefacts is still little known. Even less is known about the different types that were produced over the centuries, and few important makers have been identified. Investigation is made difficult by the very nature of the craft, for although glass beads attract the interest of devoted collectors and scholars, they belong to the realm of the anonymous craftsman. They are generally of little value and subsequently remain mostly undocumented. Besides the few examples present in museum collections and examples that now and then emerge in archaeological excavations, research must be based on the collection of samples that were offered to clients by craftsmen and merchants. Unfortunately, this material too, because of its very nature, was seldom preserved once its purpose was achieved, and is now a rari-

Già si è detto che a Venezia, nei primi anni del XIV secolo, dalla "madre arte" dei vetrai prese origine la nuova corporazione dei perlai con il nome di *Arte dei Margariteri*[3]. Per trovare notizie dell'introduzione a Murano della tecnica della preparazione delle perle attraverso la spezzettatura di una canna di vetro forata bisogna aspettare, secondo le notizie finora disponibili[4], gli ultimi decenni del XV secolo. La parola «canna» appare infatti per la prima volta in un documento muranese del 1470 in relazione a una denuncia presentata contro Taddeo Barovier, accusato di avere esportato illegalmente materie prime proprie dell'arte dei vetrai[5]. Pochi anni più tardi, nel 1482, al capitolare dell'arte viene aggiunto ad altri precedenti il divieto per le piccole fornaci di Venezia di produrre «né paternostri a rosette, né oldano, né canne, né altre sorte [de] lavori trovadi nuovamente»[6]. Per capire il significato di questo divieto che riguarda fornaci presenti a Venezia, bisogna ricordare che poco dopo aver proibito di tenere fornaci per vetro all'interno della città di Venezia, il Maggior Consiglio, nell'agosto del 1292, concedeva ai fabbricatori di «veriselli» di mantenere i loro fornini nell'ambito cittadino[7]. I «veriselli» erano false gemme fabbricate in vetro colorato, alla cui produzione si affiancò in seguito quella dei «paternostri» in vetro, cioè di perle per collane o, più spesso, di grani di rosario (donde il nome): il permesso fu accordato non solo in considerazione del grande turbamento che il forzato trasloco avrebbe causato, ma anche in considerazione del fatto che queste piccole botteghe artigiane lavoravano esigue quantità di vetro e che, di conseguenza, poco disturbo avrebbe recato il fuoco necessario ai loro piccoli crogioli. La possibilità di far uso di una canna forata per produrre le loro perle fu evidentemente ben presto colta dai paternostreri che iniziarono ad adoperarla senza tanti scrupoli. Ma i vetrai muranesi, sempre attenti a difendere il loro monopolio su tutto ciò che riguardava il vetro, si opposero all'uso da parte dei paternostreri di questa materia semilavorata che non rientrava nella loro tradizione e chiesero di essere i soli a poterla lavorare. La disputa si risolse a favore dei vetrai, lasciando a noi un interessante documento. Se infatti si osserva che nel divieto si fa menzione delle «canne» come prodotti «trovadi nuovamente», si può concludere che la loro invenzione ha luogo attorno al 1470.

Il nuovo metodo aprì una nuova strada nella produzione delle perle, moltiplicando incredibilmente le quantità. The throng of humble craftsmen who, huddled over their stinking lamps, created these small masterpieces, are destined to remain forever without a name.

It has already been noted that in Venice in the early fourteenth century, a bead-workers guild was formed within the mother guild of the glassmakers with the name *Arte dei Margariteri*.[3] Given the information available at the present time,[4] we must wait until the last decades of the fifteenth century before we find evidence of the introduction on Murano of the bead-making technique of cutting hollow glass canes. The word canna appears for the first time in a Muranese document of 1470 in a denunciation presented against Taddeo Barovier, accused of having illegally exported raw materials belonging to the glass-makers guild.[5] A few years later, in 1482, a rule was added to the guild regulations allowing the small Venetian furnaces to produce «neither rosette necklaces and rosaries nor olive beads nor cane nor any other sort of newly developed work» («né paternostri a rosette, né oldano, né canne, né altra sorte [de] lavori trovadi nuovamente»).[6] In order to understand the reason for this prohibition regarding the Venetian furnaces, it must be remembered that soon after outlawing furnaces within the city, the Great Council, in August 1292, allowed the makers of veriselli to maintain their small kilns.[7] Veriselli were false gems made of coloured glass, to the production of which were later added glass «paternostri», i.e., beads for necklaces or, more often, for rosaries (hence the name). This permission was granted not only in consideration of the general chaos that would ensue if all the furnaces of Venice were forced to move, but also because these small workshops produced only a small amount of glass, and the little amount of fire necessary to their activity was not enough to cause any inconvenience. The technique of making beads of pierced cane was, however, soon appropriated by the paternoster-makers, who felt no scruples about it. But the glass-makers of Murano, ever alert to threats to their monopoly of all aspects of their art, opposed the use of this semi-finished material by the Venetian craftsmen, who they felt were exceeding the limits sanctioned by tradition. They demanded exclusive rights to this

prodotte, anche se, leggendo quanto scritto nel *Capitolare dell'Arte dei Vetrai* nel 1511, sembra che i Muranesi non colsero subito questa opportunità, che venne invece sfruttata dai tedeschi[8]. Vi si legge infatti che «essendo stato trovato nuovamente da anni vinti in qua in circa, da Todeschi, una invention di far fare a nui verieri da Muran canne de vero comun, cristalline et colorade de diverse sorte, le qual loro Todeschi portavano in terra todesca [...] et quelle scavazavano, et fevano fare spolette, cannelle, over pater nostri, et spezavale, et infilzade et lavorade le conducevano qui in Venetia, et navegasse per Levante» fu finalmente deciso «de proveder de opportuno rimedio», eliminando questa concorrenza alla quale gli stessi vetrai muranesi fornivano la materia prima. Fu quindi stabilito che da allora in poi «cadauna botega de Verieri da Muran et maistri de quella possi far et scavezzar et [...] far paternostri curti e longhi, si in Muran come fuora de Muran, cum tutte quelle manifature, faze et fazate se vorano et sarano ordinate. Et similiter far et far far Canelle et Spollete et tutte cosse che potessero in ogni advento occorer del mestier nostro, sì de cristallini come de vero biancho, masizi et sopiadi [...]».

La Margarite, *ossia le perle di canna di vetro*

Fu quindi a partire dagli ultimi decenni del XIV secolo che si sviluppò in Murano il nuovo modo di fare perle, utilizzando una canna forata.
Contemporaneamente alle prime notizie intorno alle canne di vetro appare anche il nome della perla forse più famosa e comunque l'unica ad avere un

pratice. The dispute was resolved in favour of the Muranese, and the official record is of great interest. The document mentions that canne had only recently come into use («trovadi nuovamente»); it may be supposed that they were invented in around 1470.

The new method opened new paths in bead-making, leading to an enormous increase in production, even though it would seem that the Muranese did not immediately take up the new technique. In fact, it was the Germans[8] who first adopted it, as noted in the records of the glass-makers guild in 1511: «having about twenty years ago hit upon a new invention which required from us Muranese glass-makers quantities of clear and coloured glass cane which was then taken to German lands [...], and there it was cut and made into cylinders, canes and rosary beads, and shaped and strung and decorated, and the products were brought here to Venice and then shipped out to the Levant». («essendo stato trovato nuovamente da anni vinti un qua in circa, da Todeschi, una invention di far fare a nui verieri da Muran canne de vero comun, cristallineet colorade de diverse sorte, le qual loro Todeschi portavano in terra todesca [...] et quelle scavazavano, et fevano fare spolette, cannelle, over pater nostri, et spezavele, etinfilzade et lavorade le conducevano qui in Venetia, et navegasse per Levante»). It was finally decided that «this situation must be reme-

Fiaschetta da pellegrino in vetro rosa-marrone, dorata e con smalti, h. 36.5 cm
Pilgrim bottle, pinkish-brownish glass, enamelled and gilt, h. 36.5 cm.
Victoria & Albert Museum (VAM C. 165-1936, Buckley Collection) Photo V&A Picture Library

nome: la perla *rosetta*. Sul finire del Quattrocento furono prodotte diverse variazioni sul tipo della "canna rosetta", sia con foro, sia senza foro, adatte dunque non solo a far perle, ma anche ad essere utilizzate nella produzione di vetri soffiati. Dopo un periodo di grande successo la perla rosetta sembra scomparire per alcuni secoli, fino a ricomparire nei primi decenni dell'Ottocento per guadagnare subito un grande favore specie presso i popoli extra-europei che ne divennero grandi importatori.

La perla rosetta si ottiene da una canna forata composta da sei strati di vetro (bianco, blu, bianco, rosso coppo, bianco, blu) sagomati in modo da presentare in sezione cinque stelle concentriche a dodici punte. Rispetto a questo modello "classico" è possibile trovare alcune variazioni, sia nel colore del vetro che nel numero degli strati.

La lavorazione della canna necessaria per la perla rosetta comincia formando sulla punta di un'asta di ferro un cilindro di vetro nel quale, in corrispondenza del proprio asse, è stato praticato un lungo foro. Attingendo successivamente in diversi crogioli, il cilindro aumenta di volume e risulta formato da strati sovrapposti. Avendo cura di premere il vetro ancora molle, dopo ogni aggiunta, in stampi aperti a forma di stella, esso si modellerà nello stesso modo; solo l'ultimo strato sarà invece mantenuto nella sua forma cilindrica. Terminata l'operazione di accumulazione del vetro, una seconda asta di ferro viene fatta aderire all'estremità libera del grosso cilindro di vetro e consegnata nelle mani di un secondo vetraio. A questo punto i due uomini si allontanano camminando in direzione opposta, tirando progressivamente il cilindro e trasformandolo in una lunga canna che via via si assottiglia fino allo spessore desiderato.

Una volta raffreddata, la canna viene tagliata in pezzi di circa un metro e passata alla successiva lavorazione. Questa avviene in appositi laboratori dove le canne vengono anzitutto ulteriormente tagliate (un tempo con il secco colpo di un apposto strumento, ora con la sega diamantata) ottenendo tanti piccoli cilindri che vengono poi sottoposti a un accurato lavoro di molatura, svolto a mano con l'ausilio di una ruota abrasiva tenuta costantemente bagnata per non surriscaldare il vetro. In questo modo la perla che ne deriva assume la caratteristica forma ovale, palesando il suo disegno interno a stelle sovrapposte. Segue infine la finitura e lucidatura che si ottengono facendo ricorso a un "buratto" rotante nel quale sono

died» («de proveder de opportunorimedio»), eliminating this competition to which the Muranese themselves furnished the raw material. It was therefore decided that from then on «each glass workshop of Murano and their master craftsmen may make and bore and [...] produce paternostri both short and long, both on Murano and outside Murano in whatever form and product may be desired or ordered. And similarly cane and any other material necessary to our profession may be made or caused to be made, whether clear or opaque white, moulded or blown» («cadauna botega de Verieri da Muran et maistri de quella possi far et scavezzar et [...] far paternostri curti e longhi, si in Muran come fuora deMuran, cum tutte quelle manifacture, faze et fazate se vorano et sarano ordinate. Et similiter far et far far Canelle et Spollete tutte cosse che potessero in ogni adventooccorer del mestier nostro, si de cristallini come de vero biancho, masizi et sopiadi»).

Margarite, or beads made from glass cane

It was, then, in the last decades of the fourteenth century that the new method of bead-making was developed on Murano, using bored glass rods. The earliest mention of glass canes is accompanied by the first appearance of perhaps the most famous type of bead, or at least the only one that has a name: the rosette bead. Towards the end of the nineteenth century, several different variations of the rosette were produced, with or without a hole, which could be used either for beads or for objects in blown glass. After a period of great success the rosette bead seems to have disappeared for a few centuries, making its reappearance only in the first decades of the nineteenth century; it then became very popular, especially in non-European countries which imported large quantities.

The rosette bead is made from a hollow rod made up of six layers of glass (white, blue, white, brick red, white, blue), cut so as to produce sections with a pattern of five concentric stars with twelve points. This classic pattern may vary in colour and number of layers.

The bead is formed as a cylinder pierced by a long

state inserite alcune polveri speciali.

Le perle rosetta richiedono quindi una lunga preparazione, essendo lavorate manualmente una a una. Per questa ragione esse costituiscono una eccezione rispetto alle possibilità introdotte in questo settore dalla scoperta dell'utilizzo della canna forata. Anche se originata nel xv secolo, la lavorazione della canna forata per produrre perle è infatti un procedimento che oggi definiremmo di «produzione industriale di massa»...!

Per giustificare questa azzardata affermazione è forse opportuno procedere nella descrizione del nuovo metodo di fabbricazione delle perle. Bisogna anzitutto dire che, come la canna per la perla rosetta è progressivamente costruita sovrapponendo sei strati di vetro modellati attraverso l'uso di uno stampo a stella, altre canne possono presentare stratificazioni interne di colore e forma diversa, dando origine a una grande varietà di combinazioni. Un'altra possibilità di variazione nella costruzione delle canne sta, oltre che nelle mille gradazioni di colore che i vetrai muranesi sono sempre stati capaci di realizzare, nell'applicare sulla superficie esterna un decoro composto con linee perpendicolari: ad ogni combinazione di colori corrisponderà poi una diversa serie di perle (che, nella terminologia muranese, vengono chiamate «stricà»).

La costruzione di canne permette quindi già di avere una grande varietà di tipi di partenza; la lavorazione successiva permette poi di avere un gran numero di perle tutte uguali fra loro. Richiamando quanto sopra detto a proposito della perla rosetta, si ricorderà che, una volta definitivamente pronto, il cilindro di vetro viene stirato da due operai (detti «tiradori») che si allontanano in direzione opposta. Questa operazione, se svolta correttamente, permette di ottenere una canna di diametro costante anche molto lunga, tanto che, se i due tiradori si allontanano correndo, ne può risultare una canna - che più propriamente sarebbe da chiamare "un filo" – lunga oltre 100 metri, con un diametro finale che può essere inferiore ai 2 millimetri[9]. Una volta tirata, la canna viene appoggiata su delle asticelle poste sul terreno e quindi, dopo essersi raffreddata, tagliata in pezzi di circa un metro di lunghezza e raccolta in fasci. Termina così il lavoro di fornace e inizia quello dei *margariteri*.

Per passare dalla canna alla perla finita è necessario svolgere una serie di operazioni che può essere interessante richiamare, seguendo la puntuale descrizione che

hole on the point of an iron rod. Dipped repeatedly into different crucibles, the cylinder is enlarged by accumulating superimposed layers. Carefully pressing the soft glass after each addition into star-shaped moulds, it takes on this shape. Only the final layer is formed as a cylinder. When this first phase is finished, a second iron rod, held by an assistant, is attached to the free end of the large glass cylinder. The two men move in opposite directions, stretching the cylinder into a long cane until the desired thinness is reached.

Once the cane has cooled, it is cut into pieces about a metre in length. It is then cut into smaller bits, at one time done with a sharp stroke of a special tool but now with a diamond-pointed saw, obtaining a large quantity of tiny cylinders; these are then finished by hand with an abrasive wheel kept always lubricated with water so as not to overheat the glass. Gradually the resultant bead takes on its characteristic oval shape, displaying its internal pattern of superimposed stars.

The final stage is the polishing, done with a revolving buffer (buratto) which contains special powders.

Rosette beads require a considerable amount of time and work, each one being finished by hand. For this reason, they form an exception to the possibilities introduced into the field by the discovery of the use of the hollow cane. Although originating in the 14th c., bead-making with cane is a process that would be called today «mass production».

In order to justify this assertion, it is perhaps wise to continue our description of this method of bead-making. The cane employed is built up of six superimposed layers formed in a star-shaped mould, but it may be given other patterns and colours, thus creating a great variety of combinations. Another possibility of varying the cane, in addition to the thousands of tints created by the Muranese masters, is offered by the application of parallel lines to the outside surface of the bead. Each combination of colour results in a different series of beads (called in Muranese parlance, «stricà»).

It is evident that cane-making permits a great variety of types at the very beginning of the bead-making process. Successive stages will then produce a large

ne fa Vincenzo Zanetti.[10] Le canne vengono anzi tutto divise secondo il loro diametro e sottoposte quindi al taglio in tanti piccoli cilindri della medesima lunghezza. Questa operazione fu fatta manualmente fino ai primi decenni del secolo scorso, distendendo un piccolo gruppo di canne sopra uno scalpello conficcato in un apposito sostegno e colpendole in modo rapido e deciso con un altro scalpello; una barra regolabile, parallela al primo ferro, consentiva di mantenere costante la lunghezza. Separati i rottami dai pezzi tagliati regolarmente, si procedeva quindi all'importante operazione dell'otturamento dei fori. Per arrotondare infatti i taglienti cilindri, e trasformarli quindi in perle, era necessario far di nuovo ricorso all'azione del fuoco che, agendo anzitutto sugli spigoli delle basi, ne avrebbe provocato la rapida e superficiale fusione senza compromettere la consistenza della parte rimanente del vetro.

Per impedire quindi che questa operazione comportasse l'otturamento dei fori, si provvedeva a riempirli con un miscuglio di calce e carbone inumidito con un po' di acqua: cosa questa fatta da operai (detti «fregadori»), che manualmente mescolavano i pezzetti di canna con l'impasto preparato.

Seguiva poi la parte più delicata di tutto il lavoro: i piccoli cilindri venivano disposti su dei grandi vassoi di ferro (detti «farasse») che venivano introdotti in appositi forni con l'accortezza di scuoterli continuamente per impedire che i pezzetti di vetro, rammolliti dal fuoco, si attaccassero l'uno all'altro. Solo la grande esperienza dei margariteri consentiva di

Vaso soffiato in murrine, Murano, Salviati & Co., 1872-73. Acquistato dal fabbricante nel 1873.
Vase, Blow Murrine, Murano, Salviati & Co., 1872-73. Purchased from the maker in 1873. h. cm 12,2
Victoria & Albert Museum (VAM 1190-1873) Photo V&A Picture Library

quantity of identical beads. It will be recalled that, when the glass cylinder is formed, it is drawn out by two men (called tiradori) moving in opposite directions. If this operation is carried out correctly, an extremely long cylinder of uniform diameter is obtained; and if the two tiradori run rather than walk away from each other, a cane (more properly called a filo [thread]) more than 100 metres may result, with a final diameter of less than two millimetres.[9] Once it is drawn, the cane is laid on a rack on the floor and allowed to cool; it is then cut into metre-length pieces and gathered into bundles. The work of the furnace is now complete, and the work is taken over by the bead-makers («margariteri»).

A further set of operations is necessary in order to transform the cane into a finished bead. It may be of interest to follow these as described in detail by Vincenzo Zanetti.[10] First the canes are grouped according to their diameter and then cut into tiny cylinders of equal length. Until the first decades of the 19th century, this was done by hand, laying a small group of canes on a chisel fixed in a special support, and then striking quickly and decisively with another chisel. A movable bar, parallel to the first chisel, served to keep the length constant. The chips were then separated from the cut pieces, and the holes filled in. The sharp edges of each cylinder then had to be rounded off, thus transforming them into beads; here it was again necessary to have

regolare al punto giusto l'esposizione al calore e di trarne alla fine una grande quantità di perline perfettamente arrotondate[11]. Questa tecnica durò per secoli fino al 1821 quando, grazie ad un invenzione di Luigi Pusinich, alla «farassa» fu sostituito un tubo rotante che permetteva una produzione di maggiore quantità. Le perle così formate passavano poi nelle mani del «cavaroba», un operaio cioè che, scuotendole dentro un sacco, le liberava della calce e dal carbone messi a protezione dei fori e le passava quindi ai «governadori», che dividevano le perle secondo la grossezza e separavano quelle riuscite imperfette. Era quindi il turno dei «lustradori» che, mescolando rapidamente le perle con della crusca, le pulivano ridando loro la naturale lucentezza.

Le perle venivano poi affidate alle ormai mitiche «impiraresse»[12] che lavoravano al loro domicilio alle dipendenze di una «mistra», la quale fungeva da intermediario fra loro e il padrone della fabbrica. Munite di lunghi e sottili aghi corredati da un filo, le impiraresse "pescavano" in un grande vassoio di legno (detto «sessola») che tenevano sulle ginocchia e formavano delle matasse che finivano poi legate fra di loro.

La produzione di perle fu sempre un'attività importante per il complesso dell'industria vetraria e in modo speciale lo fu durante il periodo più nero per Murano, tra la fine del Settecento e l'inizio dell'Ottocento, quando la fine della Repubblica provocò non solo la scomparsa delle corporazioni di mestiere, ma anche la rovina della rete commerciale che portava in tutto il mondo i prodotti dell'isola del vetro. La domanda di perle, malgrado la concorrenza sempre più agguerrita delle fabbriche boeme, si mantenne infatti abbastanza vivace per far sopravvivere alcune fornaci da canna e smalti e permettere quindi di non interrompere la trasmissione del prezioso patrimonio di conoscenza ed esperienza che, verso la metà del XIX secolo, permise la rigogliosa ripresa dell'attività anche nel campo del vetro soffiato.

Le perle «a lume»

Accanto alla produzione delle piccole «margarite», deve poi essere ricordata quella delle perle «a lume», costruite servendosi del fuoco di una fiamma piccola ma potente. Nel passato la fiamma era prodotta da una lampada alimentata da grasso animale e potenziata da un soffio d'aria

recourse to fire, which quickly melted the surface without affecting the basic shape of the piece. In order to prevent stopping the hole, this was filled with a mixture of calcium and charcoal moistened with water. This was done by workers known as «fregadori», who filled by hand the pieces of cane with the prepared paste. Then came the most delicate phase of the work: the tiny cylinders were placed on large iron trays called «farasse», and then softened in special ovens which had to be shaken continuously in order to prevent the pieces of glass from sticking to each other. Only the workers' long experience ensured that this phase lasted just the right amount of time, resulting in a great quantity of perfectly rounded beads.[11] This method lasted for centuries up until 1821, when, thanks to an invention of Luigi Pusinich, the «farassa» was replaced by a rotating tube that allowed a greater quantity of beads to be produced. The beads formed by this method were then worked by the «cavaroba», a worker who shook the beads in a sack, freeing the holes of their filling; they were then passed on to the governadori, who divided the beads according to size and eliminated imperfect pieces. Then came the turn of the lustradori, who cleaned the beads by mixing them rapidly in wheat chaff, thus giving them back their natural lustre.

The beads were at last taken over by the famous "impiraresse",[12] women who worked at home for a «mistra», a woman acting as intermediary between these workers and the factory owner. Using a long, thin threaded needle, the impiraresse fished for the beads in a large wooden bowl, called «sessola», which they held on their knees, forming large chains which were then tied together.

Bead manufacturing was always an important part of the glass industry, but especially during Murano's worst period, the end of the 18th century and the beginning of the 19th, when the fall of the Republic brought about not only the dissolution of the workers guilds, but also the ruin of the trade network that had carried the island's glass products to the entire world. The market for beads, not withstanding the fierce competition from Bohemian glass factories, held up well enough to keep a few cane and enamel factories open and so continue the

provocato da un mantice (da cui la denominazione «a lume»)[13]. Queste perle, come già accennato, si ottengono arrotolando attorno a un supporto (anticamente chiamato «speo», cioè spiedo) le cannelle di vetro che vengono rammollite dalla fiamma. Seguendo sostanzialmente questa tecnica semplicissima si può produrre un'infinita varietà di perle, modificando opportunamente il tipo di vetro, la decorazione e le forme.

Lo «speo» era in passato costituito da un sottile tondino di ferro ricoperto da una pasta argillosa che impediva al vetro di attaccarsi al metallo[14]; una volta completata la perla, si provvedeva a staccarla e a farla raffreddare lentamente in un contenitore pieno di cenere.

All'interno della grande famiglia delle perle a lume trovano spazio diverse lavorazioni che meritano di essere sia pur brevemente ricordate e descritte nelle loro particolarità esecutive, non prima di aver ricordato che, da tempo immemorabile, questo lavoro è tradizionalmente riservato alle donne.

a) *Perle soffiate*. I perlai erano chiamati anche «supialume» perché una loro antica specialità consisteva nel produrre perle a imitazione di quelle naturali, partendo da un tubicino di vetro che, riscaldato alla fiamma e rigonfiato da un leggero soffio, poteva dar luogo a una piccola sfera. Il colore perlaceo veniva poi ottenuto inserendovi una soluzione iridescente. Non va inoltre dimenticato che i «supialume» sapevano lavorare come dei vetrai in miniatura e che dalle loro abilissime mani usciva ogni sorta di minuscoli oggetti, ivi compresi animaletti, fiori, recipienti e altro ancora.

b) *Perle fiorate*. La perla fiorata è forse quella che più di ogni altra rappresenta la tradizionale perla veneziana. L'abile mano della perlaia è impegnata, in questo caso, nella costruzione di alcuni piccoli «fiori» utilizzando come pennello dei sottili fili di vetro (chiamati «vette») che rapidamente stende con l'aiuto della fiammella.

La prima operazione consiste nella preparazione delle *vette*, che si ottengono riscaldando e stirando ulteriormente dei segmenti di canna variamente colorata (proveniente dalle "fornaci da canna" di Murano). Si noti che, accostando canne di colore diverso, si possono ottenere *vette* composte di più colori. Una *vetta* può essere portata ad avere un diametro di un millimetro, così come si può farle assumere la forma di una piatta strisciolina. Molto spesso nelle perle fiorate si fa uso di avventurina, sia per

transmission of this precious heritage of skill and experience which, towards the middle of the 19th century again began to flourish in the field of blown glass as well.

Lampwork beads

Together with the manufacture of the tiny margarite, lampwork beads (perle a lume) were also made in great quantities. These are formed using a small but intense flame. In the past, this flame was produced by a burner (lume – lamp), fed by animal fat and intensified by air blown through a bellows.[13] These beads, as has already been indicated, are formed by rolling glass canes around a support (called in early times a speo, or spit) and softened in the flame. With this simple procedure, a vast variety of beads can be made by modifying the type of glass, the decoration and shape.

The spit in ancient times was made of a thin iron rod covered in a clay paste that prevented the glass from adhering to the metal;[14] once the bead was formed, it was detached and slowly cooled in a receptacle filled with ashes. The large family of lampwork beads are made in a number of ways that merit at least a brief mention and description. It should also be borne in mind that from time immemorial this work was traditionally assigned to women.

a) *Blown beads* The bead-makers were also called supialume, because one of their ancient specialities was producing beads in imitation pearl. The process began with a small glass tube which was heated in the flame and lightly blown into a small sphere. A pearl colour was obtained by adding an iridescent solution. The «supialumi» worked like glass-makers on a reduced scale, and their highly skilled hands produced an enormous variety of tiny objects, including animals, flowers and miniature vessels.

b) *Rosette beads* The rosette bead is that which perhaps more than any other represents the traditional Venetian bead. The skilled hands of the bead-maker is in this case employed in the construction of tiny flowers, using instead of a brush thin glass threads called vette,

[1] Ho avuto occasione di vedere in Belgio un gran numero di pezzi di vetro nero, verdastro e celeste ottenuti nelle officine di fabbri che, nelle loro forge, utilizzavano la sabbia silicea abbondante in quei luoghi.

[2] MORAZZONI 1953, p. 9.

[3] La nuova *Arte* si sviluppa comunque all'interno della corporazione dei vetrai, della quale figura come una particolare sezione («colonnello», secondo la terminologia muranese).

[4] ZECCHIN 1987-1990.

[5] ZECCHIN 1987-1990 vol. I, p. 54.

[6] ZECCHIN 1987-1990 vol. I, p. 58.

[7] ZECCHIN 1987-1990 vol. I, p. 9.

[8] ZECCHIN 1987-1990 ,vol. II, pp. 39, 40.

[9] Per eseguire questa operazione le fornaci da canna erano dotate da un apposito corridoio, lungo fino a 120 metri. Cfr. MONOGRAFIA 1874, p. 122.

[10] MONOGRAFIA 1874, pp. 125-133.

[11] Commentava V. Zanetti a questo proposito: «Una lunga pratica più che la scienza è quella che in questo campo dà i migliori risultati», MONOGRAFIA 1874, p. 130.

[12] «Impiràr» significa infilare. Con il loro lavoro queste donne contribuivano non poco ai miserabili bilanci degli operai veneziani e costituivano un elemento caratteristico della vita di certi sestieri di Venezia, dal momento che, appena il tempo lo permetteva, si riunivano in strada per fare il loro lavoro in compagnia.

[13] Oggi il calore necessario si ottiene da un "becco Bunsen", funzionante a metano.

[14] Nel 1935 la ditta Ercole Moretti e F.lli introdusse per prima a Venezia l'uso del tubicino di rame che, fatta la perla, viene poi dissolto nell'acido nitrico, lasciando un foro sottile, lucido e perfetto.

[15] Per quanto riguarda la dimensione, si passa dalla minuta perla di poco più di un millimetro di diametro a quella enorme costruita da Giovanni Battista Franchini nel 1845, di 88 mm di diametro e 370 grammi di peso. Al riguardo si veda SARPELLON 1990, p. 16.

[16] Chi non ha l'opportunità di accedere ai depositi del Museo vetrario di Murano può vedere una riproduzione della collana in SARPELLON 1990, p. 30.

[17] Due campionari delle canne a filigrana e millefiori, oltre a un piccolo numero di intarsi, sono conservati presso il Museo vetrario di Murano. Anche per questi vale l'indicazione della nota precedente.

[1] In Belgium I have seen a great number of pieces of black, dark green and sky-blue glass produced in blacksmiths' forges in which silica sand was employed; it is found there in abundance.

[2] MORAZZONI 1953, p. 9

[3] In any case, the new guild was formed within the glass-makers corporation, of which it formed a special part ("colonnello" in Muranese usage).

[4] ZECCHIN 1987-1990.

[5] ZECCHIN 1987-1990. vol. 1, p. 54.

[6] ZECCHIN 1987-1990. vol. 1, p. 58.

[7] ZECCHIN 1987-1990. vol. 1, p. 9.

[8] ZECCHIN 1987-1990. vol. 2, pp. 39-40.

[9] For the execution of this feat cane factories were furnished with a special corridor, at times as many as 120 m. long. Cfr. MONOGRAFIA 1874, p. 122.

[10] MONOGRAFIA 1874, pp. 125-133.

[11] V. Zanetti remarked on the subject, «It is long practice rather than knowledge that gives the best results in this field.» MONOGRAFIA 1874, p. 130.

[12] Impiràr means to string. The womens' work contributed not insignificantly to the glass workers miserable income, and was a characteristic feature of certain quarters of Venice, where, when household tasks permitted, the women gathered in the street to work in company.

[13] Nowadays the necessary heat is obtained from a Bunsen burner fuelled by methane gas.

[14] In 1935 the company Ercole Moretti e F.lli introduced for the first time in Venice the small copper wire which, once the bead was formed, was dissolved in nitric acid, leaving a perfect small shiny hole.

[15] The size could range from a minute bead hardly more than a millimetre in diameter, to the enormous one created by Giovanni Battista Franchini in 1845, which had a diameter of 88 mm. and weighed 370 grams. See SARPELLON 1990, p. 16.

[16] Those who do not have access to the storerooms of the Glass Museum of Murano will find a reproduction of the necklace in SARPELLON 1990, p. 30.

[17] Two collections of samples of filigree and millefiori cane, as well as a small number of inlay work, are preserved in the Glass Museum of Murano. See also the preceding note.

TAVOLE

PLATES

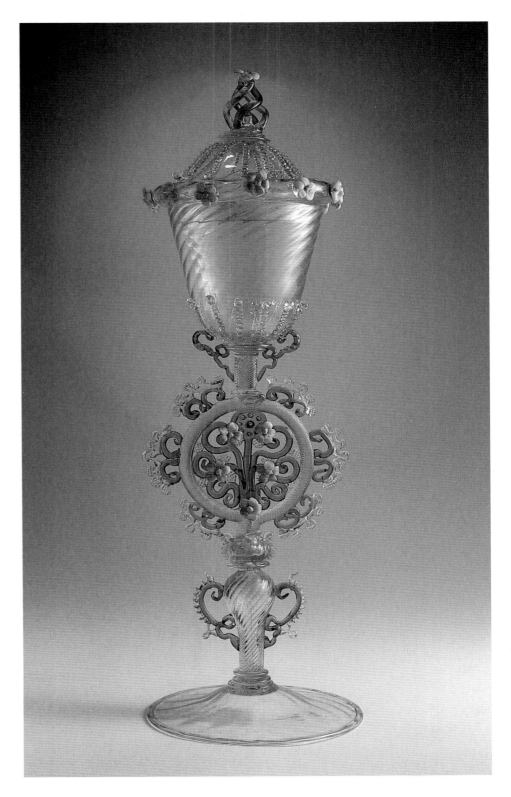

1
Grande calice da parata
con coperchio
*Large covered presentation
goblet*
Murano, The Venice and
Murano Glass and Mosaic
Company Limited
(Salviati & Co.), 1875
h. cm 49 l. cm 15
Collezione Rossella Junck

5

Vaso a foglia d'argento
Vase with silver leaf
Murano, Francesco Ferro
& Figlio, 1880
h. cm 12,2 l. cm 6,4
Collezione Rossella Junck

6

Vaso granito
Vase in granito
Murano, Francesco Ferro
& Figlio, 1880
h. cm 14 l. cm 7
Collezione Rossella Junck

2

Vaso imitante le pietre dure
*Vase in simulated
semi-precious stone*
Murano, Francesco Ferro
& Figlio, 1880
h. cm 21 l. cm 10
Collezione privata

3

Vaso imitante le pietre dure
*Vase in simulated
semi-precious stone*
Murano, Francesco Ferro
& Figlio, 1880
h. cm 22 l. cm 9
Collezione privata

4

Vaso imitante le pietre dure
*Vase in simulated
semi-precious stone*
Murano, Francesco Ferro
& Figlio, 1880
h. cm 14 l. cm 9
Collezione privata

7
Vaso blu ghiacciato
Ice-blue vase
Murano, Salviati Dott. Antonio,
1877
h. cm 27,8 l. cm 10
Collezione Rossella Junck

8
Vaso con figure a smalti
«Efesto»
«Hephaestus»
Vase with enamelled figures
Murano, Società Anonima per
Azioni Salviati & C., 1867
h. cm 22 l. cm 12
Collezione Rossella Junck

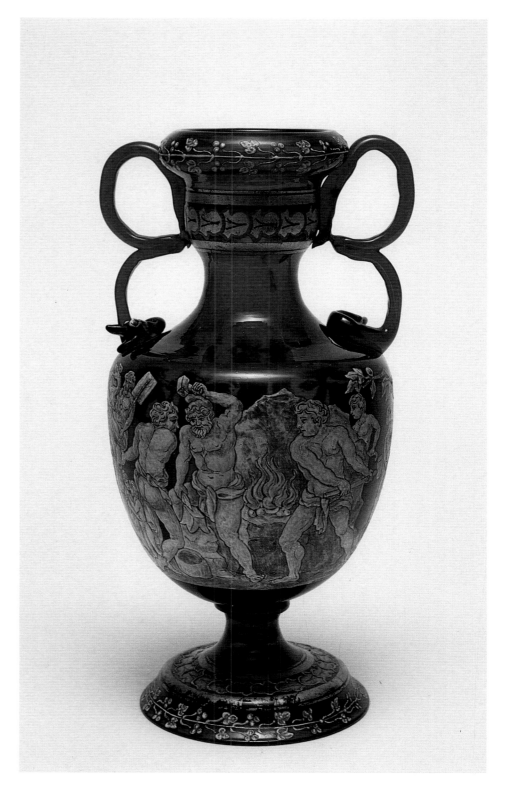

9
Vaso a forma di pesce
a macchie
Mottled, fish-shaped vase
Murano, Fratelli Toso, 1870
h. cm 21,5 l. cm 14
Collezione Rossella Junck

10
Zuccheriera in avventurina con
coperchio e draghi
*Covered sugar bowl in aventu-
rine with dragons*
Murano, Salviati Dott. Antonio
fu Bartolomeo, 1865
h. cm 23,5 l. cm 23
Collezione Rossella Junck

11
Zuccheriera a granzioli con
coperchio e draghi
Covered sugar bowl with granzioli *and dragons*
Murano, Salviati Dott. Antonio
fu Bartolomeo, 1865
h. cm 23,5 l. cm 23
Collezione Rossella Junck

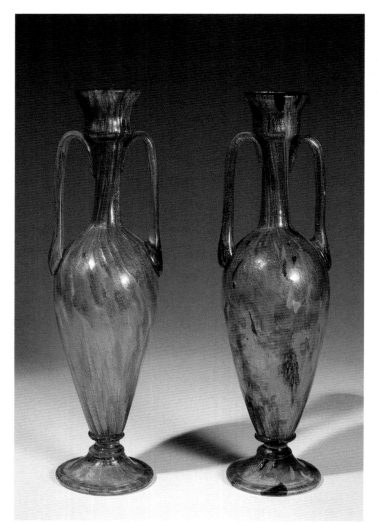

12
Coppia di vasi
a macchie trasparenti
Pair of transparent-splash vases
Murano,
Napoleone Candiani, 1881
h. cm 24 l. cm 7
Collezione Stefano Salvadori

13
Vaso in girasol
Vase in girasol
Murano, The Venice and
Murano Glass and Mosaic
Company Limited
(Salviati & Co.), 1876
h. cm 26,8 l. cm 12
Collezione Rossella Junck

14
Brocca ametista
delle tre Grazie
Amethyst jug depicting the
three Graces
Murano, Società Anonima per
Azioni Salviati & C., 1870
h. cm. 23 l. cm 10
Collezione privata

15
Ritratto di Tiziano
in mosaico minuto
Mosaic portrait of Titian
Murano, Salviati Dott. Antonio
fu Bartolomeo, 1864
h. cm 23 l. cm 18,6
Collezione De Carlo

16
Brocca in girasol
con serpente e delfini
Jug in girasol
with serpent and dolphins
Murano,
Salviati Dott. Antonio, 1877
h. cm 23 l. cm 12
Collezione Rossella Junck

17
Brocca in avventurina
con serpente e delfini
Aventurine jug
with serpent and dolphins
Murano,
Salviati Dott. Antonio, 1877
h. cm 23 l. cm 12
Collezione Rossella Junck

18
Piatto a canne lattimo
e avventurina
Plate in lattimo
and aventurine canes
Murano, Società Anonima per
Azioni Salviati & C., 1867
h. cm 3 l. cm 21
Collezione Rossella Junck

19
Piatto a penne
Plate in combed lattimo
Murano, Società Anonima per
Azioni Salviati & C., 1867
h. cm 3,5 l. cm 22
Collezione Rossella Junck

20
Ciotola rubino a penne
Bowl in combed rubino
Murano,
Salviati Dott. Antonio, 1877
h. cm 7,3 l. cm 11
Collezione de Boos-Smith

21
Piatto a penne lattimo
Plate in combed lattimo
Murano, Società Anonima per
Azioni Salviati & C., 1870
h. cm 2 l. cm 17
Collezione Rossella Junck

22
Bicchiere acquamarina a penne
Beaker in combed
aquamarine
Murano, Società Anonima per
Azioni Salviati & C., 1870
h. cm 8,5 l. cm 5,5
Collezione Rossella Junck

23
Bottiglia con medaglione di
fauno
Bottle with faun
Murano, Società Anonima per
Azioni Salviati & C., 1870
h. cm 35 l. cm 17,5
Collezione Rossella Junck.

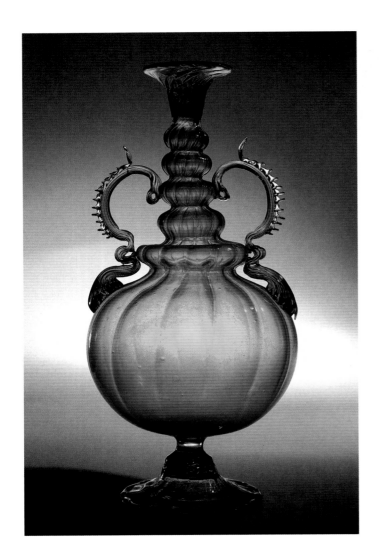

24
Vaso ambra
Amber vase
Murano, Società Anonima per
Azioni Salviati & C.,1867
h. cm 23,5 l. cm 11
Collezione Rossella Junck

25
Vaso a granzioli turchese
Vase with turquoise granzioli
Murano, Società Anonima per
Azioni Salviati & C.,1867
h. cm 20,5 l. cm 10
Collezione Rossella Junck

26
Calice a baloton in rilievo
Baloton-*blown wineglass*
with relief pattern
Murano, M. Q. Testolini, 1880
h. cm 26,3 l. cm 11,6
Collezione Rossella Junck

27
Vaso a macchie con cigni
Rubino-*speckled vase*
with swans
Murano, Fratelli Toso, 1865
h. cm 43 l. cm 22,5
Collezione privata

28
Coppa su piede a macchie policrome e draghi
*Polychrome speckled standing
bowl with dragons*
Murano, Salviati Dott. Antonio,
1880
h. cm 31 l. cm 25,5
Collezione privata

29
Coppa lobata a canne
Crimped rim bowl with canes
Murano, Società Anonima per
Azioni Salviati & C., 1870
h. cm 8 l. cm 18,5
Collezione privata

30
Ciotola lobata a canne
Crimped rim bowl with canes
Murano, Società anonima per
Azioni Salviati & C., 1867
h. cm 7,5 l. cm 15
Collezione Rossella Junck

31
Brocca a macchie policrome
Polychrome splashed jug
Murano, Società Anonima per
Azioni Salviati & C., 1867
h. cm 32 l. cm 14
Collezione Rossella Junck

32
Vaso in girasol con anelli
Vase in girasol *with rings*
Murano, 1865 ca., Salviati Dott.
Antonio fu Bartolomeo
h. cm 30,8 l. cm 16
Collezione Rossella Junck

33
Brocca con filo a spirale
Jug with spiral trailing
Murano,
Salviati Dott. Antonio, 1880
h. cm 22 l. cm 18
Collezione Rossella Junck

34
Alzata con serpente
Fruit-stand with serpent
Murano, Società Anonima per
Azioni Salviati & C., 1875
h. cm 15 l. cm 16
Collezione de Boos-Smith

35
Brocca zoomorfa
Zoomorphic jug
Murano, Società anonima per
Azioni Salviati & C., 1875
h. cm 30 l. cm 12
Collezione Rossella Junck

36
Bicchiere
in avventurina e granzioli
Beaker in aventurine
with granzioli
Murano, Società Anonima per
Azioni Salviati & C., 1870
h. cm 9 l. cm 6,5
Collezione Rossella Junck

37
Vaso d'avventurina e granzioli
Vase in aventurine
with granzioli
Murano, M. Q. Testolini, 1880
h. cm 14,5 l. cm 8,5
Collezione Rossella Junck

38
Vaso in avventurina e granzioli
Vase in aventurine
with granzioli
Murano,
Salviati Dott. Antonio, 1877
h. cm 14,8 l. cm 6,5
Collezione Rossella Junck

39
Bicchiere a depressioni
in avventurina
Indented glass in aventurine
Murano,
Artisti Barovier & C., 1890
h. cm 10 l. cm 7
Collezione Stefano Salvadori

40
Otto bicchierini a depressioni
in avventurina
Eight small indented glasses
in aventurine
Murano,
Artisti Barovier & C., 1896
h. cm 5 l. cm 3
Collezione Rossella Junck

41
Dodici flaconi a lume
Twelve lamp-work phials
Murano, manifatture
non identificate 1850-1900
h. cm 4; 4; 6,5; 3,5; 5; 7; 3,5; 4;
2,5; 3,5; 6; 3,6
Collezione Rossella Junck

42
Scatola a canne
Box with canes
Murano, manifattura
non identificata, 1890
h. cm 4,5 largh. cm 8
lungh. cm 12
Collezione Rossella Junck

43
Brocca rubino con serpente
Rubino *jug with serpent*
Murano,
Salviati Dott. Antonio, 1885
h. cm 27,5 l. cm 16,5
Collezione privata

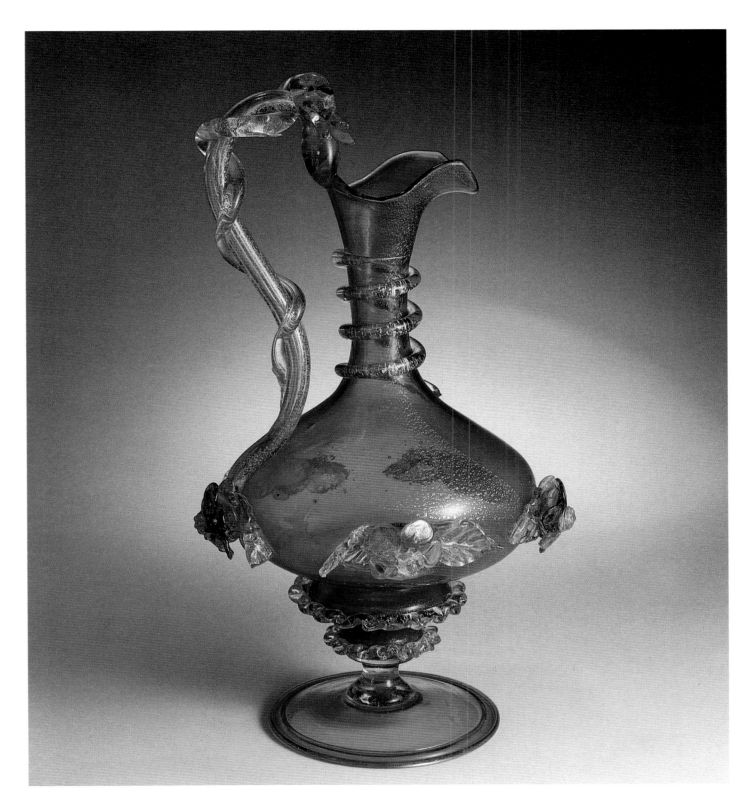

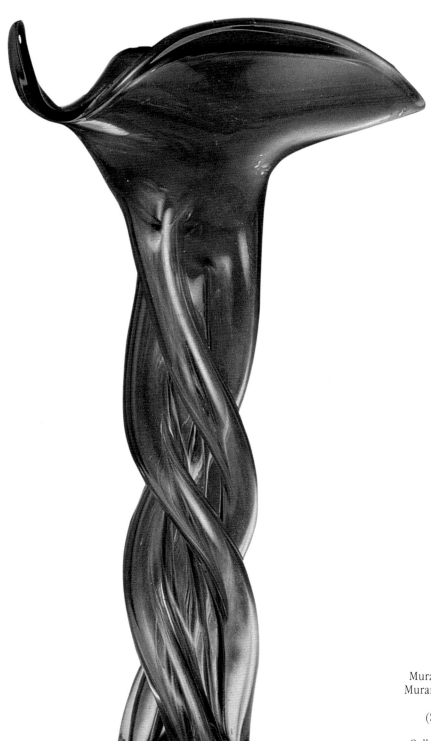

44
Vaso tipo kuttrolf
Kuttrolf-type vase
Murano, The Venice and
Murano Glass and Mosaic
Company Limited
(Salviati & Co.), 1876
h. cm 24,8 l. cm 11
Collezione Rossella Junck

45
Vaso *façon de Venice*
Façon de Venise *vase*
Murano, The Venice and Mosaic
Company Limited
(Salviati & Co.), 1876
h. cm 20 l. cm 9
Collezione Rossella Junck

46
Tavolo ad intarsi
Glass inlay table-top
Murano, Fratelli Giobbe per
Salviati Dott. Antonio fu
Bartolomeo, 1865
h. cm 4 l. cm 90
Collezione Rossella Junck

47
Brocchetta in girasol con fiori
Small jug in girasol
with flowers
Murano, Salviati Dott. Antonio
fu Bartolomeo, 1865
h. cm 16 l. cm 10
Collezione Rossella Junck

48
Coppa con cigno
Dish with swan
Murano,
Salviati Dott. Antonio, 1880
h. cm 10 l. cm 12,5
Collezione Rossella Junck

49
Vaso a forma di cigno
Swan-shaped vase
Murano,
Salviati Dott. Antonio, 1880
h. cm 22 l. cm 8
Collezione Rossella Junck

50
Vaso a imbuto
Funnel-shaped vase
Murano, Società Anonima per
Azioni Salviati & C., 1870
h. cm 30,5 l. cm 7,5
Collezione Stefano Salvadori

51
Alzata mignon con delfini
*Miniature fruit-stand
with dolphins*
Murano, Salviati Dott. Antonio
fu Bartolomeo, 1860
h. cm 11,2 l. cm 12
Collezione Zoppi

52
Alzata mignon con cigni
*Miniature fruit-stand with
swans*
Murano, Salviati Dott. Antonio
fu Bartolomeo, 1860
h. cm 9,3 l. cm 11,2
Collezione Zoppi

53
Piastra commemorativa
a smalti vitrei
*Glass inlay
commemorative plaque*
Murano, Domenico Giobbe,
1875
h. cm 2,5 lungh. cm. 15,4
largh. cm 11,3
Collezione privata

54
Coppia di vasi a macchie
policrome
*Pair of polychrome flecked
vases*
Murano, Francesco Ferro
e figlio, 1880
h. cm 35 l. cm 9
Collezione privata

55
Vaso calcedonio
Vase in calcedonio
Murano, Società Anonima per
Azioni Salviati & C., 1867
h. cm 15 l. cm 10
Collezione Rossella Junck

56
Vaso calcedonio
Vase in calcedonio
Murano, Società Anonima per
Azioni Salviati & C., 1876
h. cm 20,5 l. cm 9,5
Collezione Rossella Junck

57
Vaso calcedonio
Vase in calcedonio
Murano, Società Anonima per
Azioni Salviati & C., 1876
h. cm 11 l. cm 6
Collezione Rossella Junck

58
Vaso calcedonio
Vase in calcedonio
Murano,
Salviati Dott. Antonio, 1880
h. cm 20 l. cm 5,5
Collezione Stefano Salvadori

59
Coppa "romana" a canne
e murrine
*"Roman" bowl with canes
and* murrine
Murano, Vincenzo Moretti per
Compagnia Venezia Murano,
1880
h. cm 16,5 l. cm. 5
Collezione privata

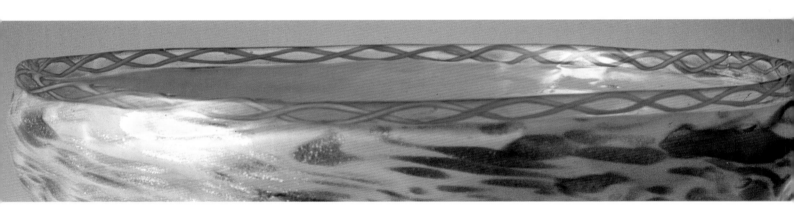

60
Coppa turchese
Turquoise goblet
Murano Società Anonima per
Azioni Salviati & C.,1867
h. cm 16 l. cm 10
Collezione Rossella Junck

61
Vaso turchese chiaro
Pale turquoise vase
Murano, Salviati Dott. Antonio,
1878
h. cm 16,5 l. cm 5
Collezione Stefano Salvadori

62
Vaso rubino e avventurina
Vase in aventurine and rubino
Murano, Vittorio Zuffi, 1895
h. cm 12 l. cm 7
Collezione Rossella Junck

63
Vaso Corinto
Corinto *vase*
h. cm 14 l. cm 7
Murano, Francesco Ferro &
Figlio, 1880
Collezione privata

64
Vaso blu e lattimo
Blue vase with lattimo
Murano, Compagnia Venezia
Murano, 1895
h. cm 38 l. cm 13
Collezione Rossella Junck

65
Brocca turchese con serpente
Turquoise jug with serpent
Murano, Salviati Dott. Antonio
fu Bartolomeo, 1865
h. cm. 31 l. cm 15,5
Collezione privata

66
Inghistera d'avventurina
Inghistera *in aventurine*
Murano, Salviati Dott. Antonio,
1880
h. cm 39,5 l. cm 19
Collezione Rossella Junck

67	**68**	**69**
Bottiglia a canne	Ampolla a retortolo	Ciotola in filigrana
Bottle with canes	Retortolo *cruet*	*Bowl in filigree*
Murano, Società Anonima per	Murano, Società Anonima per	Murano, Società Anonima per
Azioni Salviati & C., 1867	Azioni Salviati & C., 1867	Azioni Salviati & C., 1875
h. cm 27,5 l. cm 12	h. cm 19,5 l. cm 6,5	h. cm 5 l. cm 18
Collezione Rossella Junck	Collezione Rossella Junck	Collezione Rossella Junck

70
Alzata con drago e fruste
Fruit-stand with internal trailing and dragon
Murano, Salviati Dott. Antonio, 1880
h. cm 17,8 l. cm 13
Collezione Rossella Junck

71
Delfino a macchie su giardino
Bluino-mottled dolphin with flowers
Murano, Società Anonima per Azioni Salviati & C., 1875
h. cm 26 l. cm 10
Collezione Rossella Junck

72
Lavadita in girasol
Fingerbowl in girasol
Murano, C. V. M., 1877
h. cm 6,4 l. cm 9,7
Collezione Rossella Junck
73
Calice quadrilobato rubino
Quadrilobate wineglass in
rubino
Murano, The Venice and
Murano Glass and Mosaic
Company Limited
(Salviati & Co.), 1876
h. cm 11 l. cm 9
Collezione privata
74
Calice quadrilobato blu
Blue quadrilobate wineglass
Murano, Salviati Dott. Antonio,
1880
h. cm 11,2 l. cm 8,4
Collezione Rossella Junck

75
Vaso azzurro a fruste
Blue vase with internal trailing
Murano, Compagnia Venezia
Murano, 1884
h. cm 29,4 l. cm 18
Collezione Rossella Junck

76
Coppa a fondo oro
Bowl with scratched leaf
Murano, Fratelli Toso, 1895
h. cm 6 l. cm 12,5
Collezione Baffi

77
Piatto di Apollo e Giacinto
*Plate depicting Apollo
and Hyacinthus*
Murano, prob. Giovanni Albertini
per Società per Azioni
Salviati & C., 1870
h. cm 2 l. cm 17
Collezione privata

78
Coppia di vasi in calcedonio
Pair of vases in calcedonio
Murano, Compagnia Venezia
Murano, 1885
h. cm 30,8 l. cm 12,3;
h. cm 31 l. cm 13
Collezione privata

79
Brocca a fruste
Jug with internal trailing
Murano, Società Anonima per
Azioni Salviati & C., 1875
h. cm 27, 3 l. cm 12
Collezione Rossella Junck

80
Coppa Mocenigo
Mocenigo cup
Murano, prob. Compagnia
Venezia Murano, 1900 ca.
h. cm 27,2 l. cm 12
Collezione Rossella Junck

81
Piccolo calice a forma
di conchiglia
Small stemmed shell-shaped vase
Murano, Compagnia Venezia
Murano, 1890
h. cm 18,9 l. cm 7
Collezione Rossella Junck

82
Calice a forma di conchiglia
Stemmed shell-shaped vase
Murano, Salviati Dott. Antonio,
1885
h. cm 32,5 l. cm 16
Collezione Rossella Junck

83
Coppia di calici acquamarina
Pair of aquamarine wineglasses
Murano, prob. Società per Azioni
Salviati & C., 1867
h. cm 12,9 l. cm 6
h. cm 12 l. cm 6
Collezione Rossella Junck

84
Bicchiere rubino
Goblet in rubino
Murano, Società Anonima per
Azioni Salviati & C., 1867
h. cm 10 l. cm 5,8
Collezione Rossella Junck

85
Bicchiere a canne
Goblet with canes
Murano, Società per Azioni
Salviati & C., 1867
h. cm 11 l. cm 7,5
Collezione Rossella Junck

86
Calice in girasol
Girasol *wineglass*
Murano, Società Anonima per
Azioni Salviati & C., 1867
h. cm 12 l. cm 6
Collezione Rossella Junck

87
Coppa Guggenheim
Guggenheim cup
Murano, Salviati Dott. Antonio,
1885
h. cm 49 l. cm 11
Collezione Rossella Junck

127

93
Brocca a canne
d'avventurina con drago
Jug in aventurine cane
with dragon
Murano, Fratelli Barovier, 1885
h. cm 31,5 l. cm 15
Collezione Rossella Junck

94
Alzata con cavallo marino
alato e drago
*Fruit-stand with winged
sea-horse and dragon*
Murano,
Salviati Dott. Antonio, 1895
h. cm 31 l. cm 27
Collezione Rossella Junck

95
Alzata con cavallo marino e fiore
*Fruit-stand with sea-horse
and flower*
Murano, Salviati Dott. Antonio,
1895
h. cm 27 l. cm 24
Collezione Rossella Junck

96
Calice a fruste
con delfini e ippocampi
*Standing bowl with internal
trailing, dolphins
and sea horses*
Murano, Salviati Dott. Antonio,
1895
h. cm 32 l. cm 15
Collezione Rossella Junck

97
Alzata a conchiglia con serpente alato
Stemmed shell-shaped vase with winged serpent
Murano,
Salviati Dott. Antonio, 1885
h. cm 27,5 l. cm 14
Collezione Rossella Junck

98
Piccolo calice a forma di conchiglia
Small stemmed shell-shaped vase
Murano, Salviati Dott. Antonio, 1885
h. cm 18 l. cm 9
Collezione Rossella Junck

99
Piccolo calice a forma di conchiglia
Small stemmed shell-shaped vase
Murano, Dott. Antonio Salviati & C., 1890
h. cm 22 l. cm 10,5
Collezione Rossella Junck

100
Brocca a conchiglia con serpente
Scallop-shaped jug with serpent
Murano, Salviati Dott. Antonio, 1885
h. cm 22 l. cm 10,5
Collezione Rossella Junck

101
Bicchiere a depressioni
Indented beaker
Murano, M. Q. Testolini, 1880
h. cm 8,5 l. cm 7
Collezione Rossella Junck
102
Vaso a canne di filigrana
Vase with filigree canes
Murano, M. Q. Testolini, 1880
h. cm 15 l. cm 9
Collezione Rossella Junck
103
Römer in cristallo e avventurina
*Römer in colourless glass
and aventurine*
Murano, Società per Azioni
Salviati & C., 1867
h. cm 11 l. cm 8,5
Collezione Rossella Junck
104
Römer in girasol
Römer in girasol
Murano, Società Anonima per
Azioni Salviati & C., 1867
h. cm 11 l. cm 9
Collezione Rossella Junck
105
Römer rubino avventurina
Römer in rubino and aventurine
Murano, Società Anonima per
Azioni Salviati & C., 1867
h. cm 10,6 l. cm 8
Collezione Rossella Junck

110
Vaso blu a macchie d'avventurina
*Blue vase splashed
with aventurine*
Murano, M. Q. Testolini, 1880
h. cm 12,5 l. cm 7
Collezione Rossella Junck

111
Coppa a fasce avventurina
e verde
*Goblet with alternate bands of
aventurine and green*
Murano,
Salviati Dott. Antonio, 1880
h. cm 13,2 l. cm 13
Collezione Zoppi

112
Lavadita in cristallo
e avventurina
*Finger-bowl in colourless glass
and aventurine*
Murano, Società Anonima per
Azioni Salviati & C., 1870
Piatto h. cm 2,5 l. cm 17,5.
Ciotola h. cm 6 l. cm 10
Collezione Rossella Junck

113
Zuccheriera in cristallo
e avventurina
*Sugar bowl in colourless glass
and aventurine*
Murano, Società per Azioni
Salviati & C., 1867
h. cm 14 l. cm 10
Collezione Rossella Junck

114
Vaso in avventurina
Vase in aventurine
Murano, Società Anonima per
Azioni Salviati & C.,1866
h. cm 20 l. cm 12,5
Collezione Rossella Junck

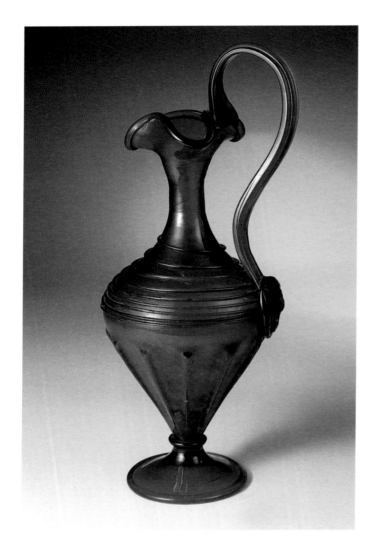

115
Brocca blu con fili
Blue jug with fine trailing
Murano, Società per azioni
Salviati & C., 1876
h. cm 27 l. cm 12
Collezione Rossella Junck

116
Calice con draghi e serpente
*Wineglass with dragons
and serpent*
Murano, Salviati Dott. Antonio,
1885
h. cm 27, 4 l. cm 13,8
Collezione Rossella Junck

117
Calice da parata a polveri
Presentation goblet with
powdered gilding
Murano, Società Anonima
per Azioni Salviati & C., 1870
h. cm 21,8 l. cm 9,6
Collezione privata

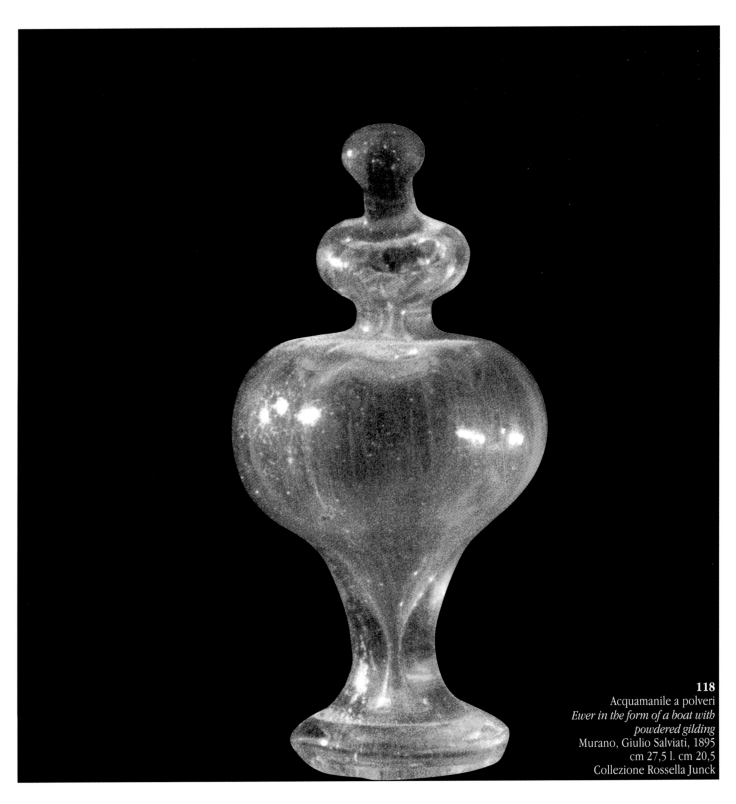

118
Acquamanile a polveri
*Ewer in the form of a boat with
powdered gilding*
Murano, Giulio Salviati, 1895
cm 27,5 l. cm 20,5
Collezione Rossella Junck

147

119
Vaso a canne a retortolo
Vase with retortolo *canes*
Murano, Salviati Dott. Antonio,
1880
h. cm 15, l. cm 9
Collezione Rossella Junck

120
Vaso a canne e zanfirico
Zanfirico *vase*
Murano, Vittorio Zuffi, 1890
h. cm 23 l. cm 8
Collezione Rossella Junck

121
Vaso lattimo a penne
Vase in combed lattimo
Murano, Compagnia Venezia
Murano, 1880
h. cm 13,2 l. cm 7
Collezione Rossella Junck

122
Brocca in girasol con fili
Jug in girasol *with spiral trailing*
Murano, 1876, The Venice and
Murano Glass and Mosaic
Company Limited (Salviati & Co.)
h. cm 27 l. cm 12
Collezione Rossella Junck

123
Brocca a filigrana
Jug in filigree
Murano, Salviati Dott. Antonio,
1880
h. cm 24,5 l. cm 17
Collezione Rossella Junck

151

124
Brocca a decoro fenicio
Fenicio *jug*
Murano, Compagnia Venezia
Murano, 1890
h. cm 14,5 l. cm 10
Collezione Rossella Junck

125
Vaso a decoro fenicio
Fenicio *vase*
Murano, Compagnia Venezia
Murano, 1890
h. cm 16,5 l. cm 9
Collezione Rossella Junck

126
Ciotola fenicia con manico
Fenicio *handled bowl*
Murano, Compagnia Venezia
Murano, 1884
h. cm 9 l. cm 12
Collezione Rossella Junck

127
Calice da parata a baloton
Baloton-blown
presentation goblet
Murano, Salviati Dott. Antonio,
1877
h. cm. 33 l. cm. 16
Collezione privata

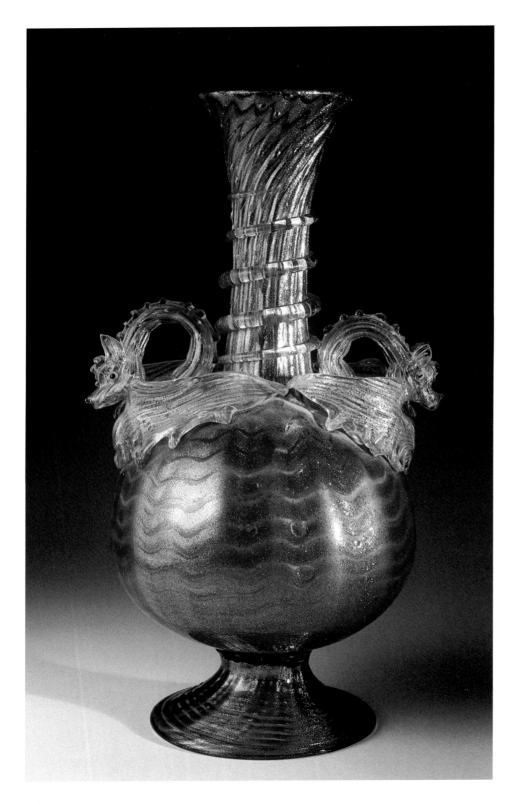

128
Vaso con draghi e spirale
d'avventurina
*Aventurine vase with dragons
and spiral trailing*
Murano, Fratelli Toso, 1880
h. cm 36 l. cm 20
Collezione Rossella Junck

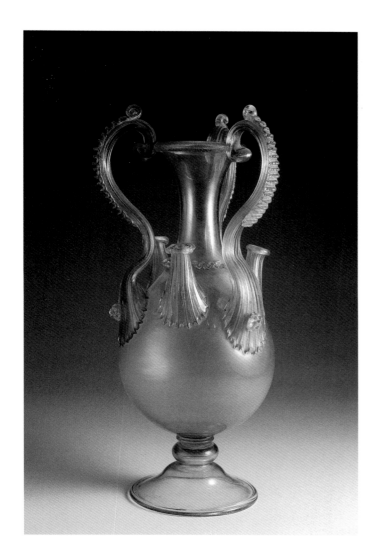

129
Vaso lucerna
Oil lamp vase
Murano, Società anonima per
azioni Salviati & C., 1867
h. cm 30 l. cm 14
Collezione Rossella Junck

130
Bottiglia marrone
Brown bottle
Murano, Società per Azioni
Salviati & C., 1867
h. cm 24,5 l. cm 14,5
Collezione Rossella Junck

131
Coppa a macchie policrome
Polychrome mottled goblet
Murano, Salviati Dott. Antonio fu
Bartolomeo, 1870
h. cm 12 l. cm 12
Collezione Rossella Junck

132
Piatto a macchie policrome
Polychrome mottled plate
Murano, Società Anonima per
Azioni Salviati & C., 1867
h. cm 2,5 l. cm 18
Collezione Rossella Junck

133
Vaso a macchie policrome
Polychrome mottled vase
Murano, Compagnia Venezia
Murano, 1885
h. cm 15,5 l. cm 6
Collezione Rossella Junck

134
Vaso lucerna a macchie
policrome
*Polychrome mottled
oil lamp vase*
Murano, Salviati Dott. Antonio,
1880
h. cm 24,5 l. cm 11
Collezione de Boos-Smith

135
Brocca di avventurina
Aventurine jug
Murano, Salviati dott. Antonio,
1880
h. cm 34 l. cm 14
Collezione Rossella Junck

136
Vaso palma con delfino
Palm-leaf vase with dolphin
Murano, M. Q. Testolini, 1890
h. cm 25,2 l. cm 13,5
Collezione Rossella Junck
137
Alzata verde con drago
Green fruit-stand with dragon
Murano, Vittorio Zuffi, 1890
h. cm 22,7 l. cm 11
Collezione Rossella Junck
138
Vaso ametista
Amethyst vase
Murano, M. Q. Testolini, 1885
h. cm 17 l. cm 12,5
Collezione Rossella Junck
139
Calice da parata ametista
Ametyst presentation goblet
Murano, Fratelli Toso, 1900
h. cm 22,4 l. cm 14
Collezione Rossella Junck

140
Alzata acquamarina con delfini
Aquamarine fruit-bowl with dolphins
Murano, G. Salviati, 1899
h. cm 31 l. cm 22
Collezione Rossella Junck

141
Calice a conchiglia con delfino e
cavallo marino alato
*Stemmed shell-shaped vase with
dolphin and winged sea-horse*
Murano, Salviati & C., 1890
h. cm 30,5 l. cm 16
Collezione Rossella Junck

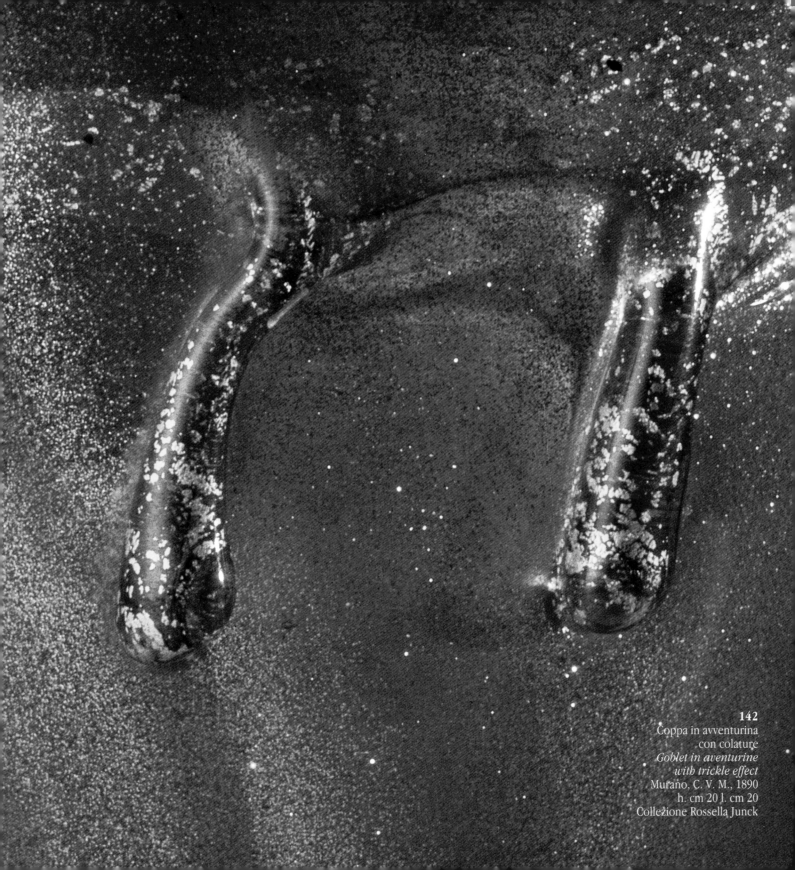

142
Coppa in avventurina
con colature
Goblet in aventurine
with trickle effect
Murano, C. V. M., 1890
h. cm 20 l. cm 20
Collezione Rossella Junck

143
Bottiglia a macchie
Bluino-*mottled bottle*
Murano, Società per Azioni
Salviati & C., 1867
h. cm 30 l. cm 14
Collezione Rossella Junck

144
Calice da parata fumé
Presentation goblet in fumé
Murano, Compagnia Venezia
Murano, 1890
h. cm 30 l. cm 12,5
Collezione Rossella Junck

145
Calice da parata fumé
Presentation goblet in fumé
Murano, Vittorio Zuffi, 1880
h. cm 24,5 l. cm 9,5
Collezione Rossella Junck

146
Alzata verde acqua
Water-green fruit-stand
Murano, Fratelli Toso, 1890
h. cm 16,5 l. cm 20
Collezione Rossella Junck

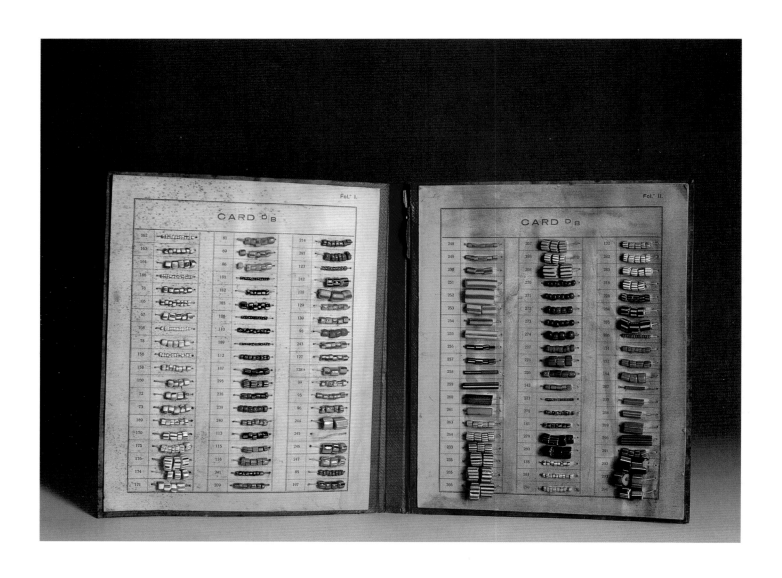

147
Campionario conterie
Sample-book of beads
Murano, Società Veneziana
Conterie, inizio 1900
Collezione Giovanni Sarpellon

148
Composizione di perle
Composition of beads
Murano,
Domenico Bussolin, 1842
Libro con cofanetto: h. cm 3,2
largh. cm 15,2 lungh. cm 10,2
Collezione Giovanni Sarpellon

149
Rosario di perle con medaglia di
Papa Gregorio XVI
*Rosary with medal
of Pope Gregory* XVI
Murano, manifattura non identifi-
cata, 1832
l. cm 98
Collezione Gianni Moretti
150
Bottiglietta verde a lume
Small green lamp-work bottle
Murano, manifattura non identifi-
cata, 1880-1900
h. cm 3,7 l. cm 3
Collezione Sarpellon
151
Pomolo a pendaglio per mobile
Pendant furniture handle
Murano, 1890
h. cm 11,5 l. cm 3
Collezione Gianni Moretti

152
Vaso ambra con serpente marino
Amber vase with sea serpent
Murano,
Salviati Dott. Antonio, 1885
h. cm 33,8 l. cm 15
Collezione Sciré

153
Due flaconi a macchie policrome
Two polychrome splashed phials
Murano, manifattura
non identificata, 1850-1900
h. cm 8,5 l. cm 6,5; 10; 8
Collezione Rossella Junck

154
Cinque bottigliette screziate
Five small flecked bottles
Murano, manifattura
non identificata, 1850-1900.
h. cm 7 l. cm 4,7; 3,5; 7,5; 4,7; 4,8; 3
Collezione Rossella Junck

155
Alzata con serpenti alati
Fruit-stand
with winged serpents
Murano,
Salviati Dott. Antonio, 1885
h. cm 25,5 l. cm 22
Collezione Rossella Junck

156
Alzatina con cigno
Small fruit-stand with swan
Murano, Fratelli Toso, 1885
h. cm 15 l. cm 16,5
Collezione Rossella Junck

157
Coppa da parata in girasol
Presentation goblet Girasol
Murano, M. Q. Testolini, 1885
h. cm 23, 5 l. cm 14
Collezione Rossella Junck

158
Coppa da parata verde
Green presentation goblet
Murano, Fratelli Toso, 1885
h. cm 23,5 l. cm 14
Collezione Rossella Junck

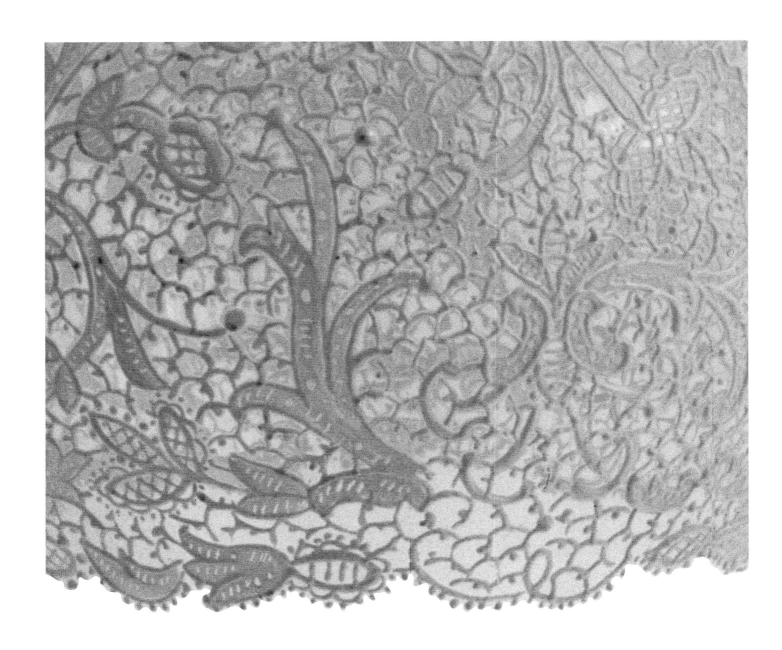

159
Brocca e due bicchieri
con decoro a merletto
*Jug and two glasses with
lacework decoration*
Murano, Salviati Dott. Antonio,
1885
Brocca: h. cm 40 l. cm 14;
bicchieri h. cm 19 l. cm 5
Collezione Rossella Junck

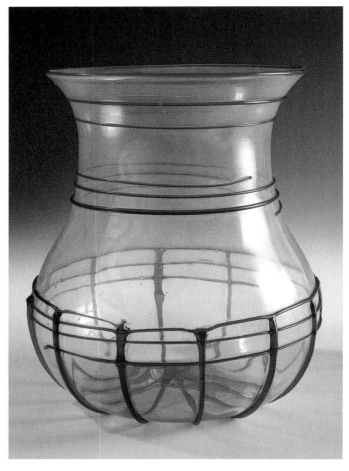

160
Vaso ametista a fruste
Amethyst vase
with internal trailing
Murano, Fratelli Barovier, 1885
h. cm 13 l. cm 10,5
Collezione Rossella Junck

161
Vaso iridato a fili granata
Iridescent vase
with cane trailing
Murano, prob. Fratelli Toso,
1900 ca.
h. cm 18,8 l. cm 16
Collezione Rossella Junck

Nella stesura di queste schede ci siamo basati principalmente su questi cataloghi d'epoca (al riguardo si veda anche Draghi di Murano 1997, pp. 160-162):

1) Catalogo Salviati & Co. *Salviati & Company Limited Venetian Gallery. Venetian Enamel Mosaic Interior & Exterior Architectural Decorations. Blown Glass Antique Venetian style, for Table, & Ornamental use, &c.* London, Groom Wilkinson & C., s. d. Il più antico catalogo conosciuto della ditta, stampato a Londra probabilmente nel 1867 e qui ripubblicato per intero (pp. 201-211). La numerazione dei pezzi non è stata ripresa nei cataloghi successivi.

2) Catalogo A. Salviati. Catalogo a stampa, successivamente acquerellato a vivaci colori, attribuito, in base al confronto con i cataloghi qui di seguito descritti, alla ditta «Salviati Dr. Antonio». Stampato probabilmente dopo la separazione dalla Compagnia Venezia Murano (1877), presenta 324 pezzi in 60 pagine. I pezzi vanno dal n. 1 al n. 401 (ne mancano 77). Sta in Salviati 1989.

3) Catalogo Salviati & C. Con questa sigla ci si riferisce a due edizioni dello stesso catalogo: la prima giunta senza frontespizio e con la sola intestazione «Salviati & C.°», stampata probabilmente intorno al 1890, quando, con la morte del titolare la ragione sociale della ditta è cambiata in «Dott. Antonio Salviati & C.»; la seconda, *G. Salviati, verreries artistiques*, s.d., s.l., stampata probabilmente a Venezia intorno al 1896 quando il figlio di Antonio aveva fondato la «Giulio Salviati & C.». I cataloghi sono identici tranne che nell'intestazione delle pagine e in alcuni dei prezzi di vendita indicati: è interessante notare che le poche variazioni di prezzo sono a calare per i numeri di catalogo più bassi (per i pezzi più vecchi ancora in produzione) e a crescere per i numeri di catalogo più alti (per le ultime novità). Presentano 344 disegni in 36 pagine. I pezzi vanno dal n. 1 al n. 1540. Rispetto al Catalogo A. Salviati (del quale mantengono e continuano la numerazione) mancano: la serie di bicchieri con rosoni e lettere dell'alfabeto (nn. 7, 8, 9, 11; il n. 17 compare qui come 17 bis, con una coppa più elaborata, meno usabile per bere); i pezzi molto complessi (nn. 21 e 24) che poi ricompariranno nella produzione Compagnia Venezia Murano.

4) Disegni Salviati. Un gruppo di disegni a grandezza naturale ad uso di fornace con due numerazioni diverse per ogni modello: una che corrisponde perfettamente a quella di Catalogo A. Salviati e Catalogo Salviati & C., e una molto più alta che si riferisce forse alle ordinazioni.

5) Catalogo Testolini. *Prix Courant des Verres Venitiens. Maison M. Q. Testolini*, Vienna, Lunsch, s.d. (1890 ca.). Presenta 530 pezzi da tavola (i numeri vanno dal 68 al 1451) e 42 pezzi per illuminazione (i numeri vanno dal 21 all'87). Dei pezzi da tavola vengono date le misure e i prezzi, divisi in tre categorie: «ière Catégorie. Comprend toutes les nuances unies. iième Catégorie. Comprend les pâtes à réticules, tordues, filigranes, retouches or ou argent. iiième Catégorie. Comprend lemouchété [sic] or ou argent dans la totalité de la pâte, les Aventurines». La differenza di costo può essere, per esempio, 10-12-14 (pezzo n. 68), 100-120-150 (pezzo n. 345). Per i pezzi per illuminazione si specifica il numero di bracci e il tipo di luce: fino al n. 38 solo candele, fino al n. 65 solo gas e candele, dal n. 65 anche elettricità (il n. 65 è «moitié pour bougies & moitié p. lumière électrique»).

6) Disegni Testolini. Catalogo ad uso di fornace, fatto di ritagli di disegni dei vari pezzi (provenienti forse da un altro catalogo) incollati su fogli e numerati a mano: a volte lo stesso pezzo è presentato nelle varie misure. Se ne è potuta consultare solo una fotocopia; non si conosce la collocazione dell'originale. Esiste una numerazione dei fogli, che dimostra come ci

siano numerose e importanti lacune in questa copia. L'attribuzione alla Testolini è sicura perché basata sul confronto dei disegni e della relativa numerazione con il Catalogo Testolini. Il catalogo non è una vera pubblicazione, ma piuttosto uno strumento di lavoro per i maestri, da usare in fornace, probabilmente ampliato nel tempo: il nucleo originale è precedente al Catalogo Testolini (comincia dal n. 1, mentre l'altro, dal n. 68; inoltre sono presenti dei numeri che non compariranno più nel successivo); il catalogo è stato poi a mano a mano aggiornato: la numerazione prosegue abbastanza regolarmente fino al n. 1287 della penultima pagina, poi salta al n. 1593 dell'ultima pagina (il Catalogo Testolini arriva solo fino al n. 1451).

7) Catalogo Fratelli Toso. L'archivio dei Fratelli Toso conserva un numero enorme di documenti, tra i quali molti cataloghi di disegni, di fotografie o a stampa (al riguardo si veda Junck 1998, p. 33, nota 53). In questo caso ci si è riferiti all'insieme delle fotografie con numerazione progressiva (rilegate in cataloghi o sfuse) che Arnoldo Toso ci ha gentilmente consentito di visionare per intero.

8) Catalogo C.V.M. [*Catalogues des verres soufflés, services de table et lustres*] Copia incompleta, s. t., s. l., s. d. Stampata prima di Molmenti 1903.

9) Catalogo C.V.M. V&A. Alcune pagine di catalogo (due con il timbro «The Venice and Murano Glass Co. Ltd.») conservate presso la libreria del Victoria and Albert Museum di Londra; s.l., s. d. (1895-96).

10) Disegni C.V.M. Gruppo di disegni a grandezza naturale, copiati su carta velina per uso di fornace, attribuiti alla Compagnia Venezia Murano sulla base del confronto di un pezzo trovato in Catalogo C.V.M.

11) Catalogo Zuffi. Nell'archivio dei Fratelli Toso sono conservate alcune fotografie non rilegate, provenienti da un catalogo della ditta Vittorio Zuffi, divenuta poi «Succ. Vittorio Zuffi».

Schede

1

Grande calice da parata con coperchio
Large covered ceremonial goblet
Murano, The Venice and Murano Glass and Mosaic Company Limited (Salviati & Co.), 1875
h. cm 49 l. cm 15
Collezione Rossella Junck

Calice in cristallo rigadin ritorto alla base 12 morise, coperchio conico in cristallo rigadin ritorto con bordo sporgente dal bevante con 12 fiori a 5 petali in lattimo e polveri rubino con bottone giallo, il coperchio è diviso da 13 morise in cristallo a raggiera che arrivano fino al pinnacolo formato da 2 canne in cristallo e 2 acquamarina alternate e intrecciate sormontate da un fiore, giunto in cristallo rigadin con due asole ai lati acquamarina, rosone formato da un anello in cristallo rigadin sormontato da 6 doppi archetti acquamarina su ciascun archetto due fogliette piatte unite da un'asola in cristallo, all'interno quattro girali acquamarina con un fiore, al centro una canna acquamarina con alla base un fiore terminante con un disco con 8 pallini sulla circonferenza e uno al centro, ai lati due esse acquamarina; i girali sono completati da 8 fogliette in cristallo pinzate, nodo vuoto costolato con ai lati due morise in cristallo, fusto a balaustro rigadin ritorto in cristallo con ai lati due asole acquamarina e morisa in cristallo, ampio piede costolato con bordo ribattuto all'ingiù. Restaurato.

L'esemplare proposto si colloca nella produzione della Salviati & C. tra il 1867

e il 1877: abbiamo scelto il 1870 per analogia con l'esemplare del Victoria and Albert Museum che si può ritenere della stessa mano.
Cfr. ESPOSIZIONE PARIGI 1867A: unica differenza, le 4 morise sul nodo. ESPOSIZIONE PARIGI 1878B: gruppo in basso ultimo a destra. CATALOGO A. SALVIATI, n. 21: variante senza fiori sul bordo del coperchio, senza fogliette sugli archetti, con due morise in più sul nodo: a differenza della coppa Guggenheim non entrerà nel CATALOGO SALVIATI & C. CATALOGO TESTOLINI, n. 345: il coperchio non è sporgente e il bevante è liscio e la decorazione dei doppi archetti è diversa. CATALOGO C.V.M. V&A, n. 345: differisce dal precedente per le capette sugli archetti intorno al rosone. Vedi anche un disegno per fornace a matita su velina, di manifattura non identificata: alto cm 44, largo cm 11.
Diamo di seguito per comparazione altri calici da parata analoghi a questo modello finora pubblicati.
1) Collezione Victoria and Albert Museum: alto inc. 21,1/4", con 6 fiori rosa e giallo nel rosone, pinnacolo acquamarina con mora in cristallo e fiori sopra il coperchio; vedi p. 17; pubblicato anche in BARR 1998, p. 35.
2) BAROVIER MENTASTI 1982, p. 206, collezione Ferro-Fuga: alto cm 28, in girasol, con 7 fiori bianco e giallo nel rosone, morise invece di fogliette sui doppi archetti.
3) VETRI, CAMMEI 1993, p. 70, n. 34, collezione Museo Arte Medioevale e Moderna, Modena: alto cm 28,2 in cristallo (nella scheda è descritto come girasol), mancante del coperchio, con 4 fiori rosa, al centro una canna terminante con una foglia costolata acquamarina, morise sugli archetti esterni del rosone.
4) MILLE ANNI 1982, p. 220, n. 405, collezione Camerino-Tedeschi, Venezia: alto cm 22, mancante del coperchio, con 5 fiori rosa nel rosone.
5) ARTE DEL VETRO 1992, p. 95, n. 123, collezione Museo Vetrario di Murano: mancante del coperchio, l'interno del rosone sembra corrispondere al nostro; l'oggetto è fotografato dal retro e si intravedono 5 fiori probabilmente bianco e giallo, sulla parte visibile sono allineati tre fiori a 4 petali, uno sul giunto e due alla base del rosone.
6) SALVIATI 1922, p. 7, il quarto da sinistra: coperchio, bevante e piede con fili a raggiera applicati, rosone senza fiori all'interno e archetti senza cappette.
7) TAIT 1991, p. 202, n. 256: versione in girasol (collezione Corning Museum of Glass, New York), alto cm 51,5; i fiori sul bordo del coperchio, tra le morise, come nel nostro esemplare; altri cinque fiori sono al centro del rosone.

2
Vaso imitante le pietre dure
Vase in simulated semi-precious stone
Murano, Francesco Ferro & Figlio, 1880
h. cm 21 l. cm 10
Collezione privata
Vaso cilindrico leggermente allargantesi con collo rientrante, cordolo sotto la base del collo e bordo ripiegato all'interno; tutta la superficie è ricoperta di foglia d'argento; l'impasto è una specie di calcedonio sulla tonalità del verde e del blu imitante appunto una pietra dura.

3
Vaso imitante le pietre dure
Vase in simulated semi-precious stone
Murano, Francesco Ferro & Figlio, 1880
h. cm 22 l. cm 9
Collezione privata
Vaso a forma di anfora, lungo collo terminante a calice di loto, due manici inclinati con finale tondeggiante sotto il calice, piede applicato a disco rialzato; l'impasto imita una specie di granito nella tonalità del nero, blu e avorio, a composizione irregolare.

4
Vaso imitante le pietre dure
Vase in simulated semi-precious stone
Murano, Francesco Ferro & Figlio, 1880
h. cm 14 l. cm 9
Collezione privata
Vaso emisferico con largo collo svasato e piede a disco terminante a cono allungato; l'impasto imita l'opale sulle tonalità del blu con macchie giallo chiaro; la forma archeologica esalta la preziosità dell'impasto.

5
Vaso a foglia d'argento
Vase with silver leaf
Murano, Francesco Ferro & Figlio, 1880
h. cm 12,2 l. cm 6,4
Collezione Rossella Junck
Vaso globulare giallo chiaro con macchie marroni ottenute con l'applicazione di foglia d'argento bruciata (questa tecnica sarà ripresa da Tommaso Buzzi negli anni Trenta per la Venini e dalla ditta Maschio), con piede ricavato dal corpo, base del collo allargantesi a nodo, collo allungato e svasato.
Cfr. MILLE ANNI 1982, p. 232, n. 442.

6
Vaso granito
Vase in granito
Murano, Francesco Ferro & Figlio, 1880
h. cm 14 l. cm 7
Collezione Rossella Junck
Vaso granito nelle tonalità del verde e del nero, corpo globulare rastremato in basso con stretto collo svasato, nodo sotto la base ricavato dal corpo come il piede. Il vetro granito è stato inventato da Pietro Bigaglia ad imitazione di questo tipo di marmo.
Cfr. DORIGATO 1983, p. 27, n. 73: gli ultimi tre bicchieri sono in vetro granito, analoghi a questo vaso per tipo di colorazione e tecnica.

7
Vaso blu ghiacciato
Ice-blue vase
Murano, Salviati Dott. Antonio, 1877
h. cm 27,8 l. cm 10
Collezione Rossella Junck
Vaso a cono rovesciato blu ghiacciato, collo svasato, sulle spalle due manici in cristallo e foglia oro a voluta ripiegati in fuori e uniti al collo da un anello in cristallo e foglia oro con due more in cristallo, la parte inferiore del vaso scandita da sei cordoli in cristallo e foglia oro appiattiti e decorati con mezze perle stampate; un cordolo uguale li unisce sotto la circonferenza esterna; giunto in cristallo, piccolo piede blu leggermente rialzato (non ghiacciato), orlo ribattuto all'ingiù.
I vetri ghiacciati dell'800 sono piuttosto rari: a tutt'oggi questo è l'unico pubblicato. Cfr. CATALOGO SALVIATI & C., n. 1266 e n. 1276: con questa particolare imbracatura imitante il bronzo dorato.
L'attribuzione è sostenuta in base ai manici a voluta all'infuori presenti in

CATALOGO A. SALVIATI, n. 148. Il modello potrebbe essere uno dei numeri della pagina successiva che va dal n. 152 al n. 170 (mancante nell'unica copia del catalogo conosciuta).

8
Vaso con figure a smalti "Efesto"
"Hephaestus" vase with enamelled figures
Murano, Società Anonima per Azioni Salviati & C., 1867
h. cm 22 l. cm 12
Collezione Rossella Junck
Vaso blu con decoro a smalto e foglia oro graffita; corpo ovoidale con ampia spalla e largo rigonfiamento sotto il bordo con una fascia a foglia oro graffita e smalto marrone chiaro rappresentante fiori di loto stilizzati, collo a ciambella con foglie di vite e grappoli stilizzati in smalto bianco, due manici blu a forma di serpenti contrapposti con le teste appoggiate sulla spalla del vaso, bocca aperta, occhi di murrina gialla e nera, piede attaccato alla base, rialzato e sagomato sulla parte piatta, decoro come il rigonfiamento del collo, bordo esterno del piede rialzato decorato come la ciambella del collo. Sotto il piede, firma a smalto marrone: SALVIATI e C. VENEZIA.
La decorazione della fascia centrale si rifà al tipo del vaso Portland: il doppio strato blu e bianco con le figure ottenute per molatura del bianco è qui semplificato dal decoro a smalto bianco ombreggiato di beige che imita la tecnica di incisione. Il corredo iconografico del decoro è piuttosto complesso ed è evidente che un tale impianto narrativo si rivolgesse ad un pubblico estremamente colto con una buona conoscenza di cultura classica necessaria per apprezzare simili finezze mitologiche.
Vaso di Efesto o allegoria della nascita dell'uomo secondo la mitologia greca. Frontalmente è posta la fucina di Efesto che forgia le folgori di Zeus aiutato da tre ciclopi; a destra della fucina Adamo ed Eva sotto l'albero della conoscenza con Adamo intento a spiccare il frutto proibito (digressione biblica che tende un parallelo tra le due culture e sottolinea il tema trattato); sul lato opposto ad Efesto si vede Zeus seduto con ai piedi un cesto di creta, sulle ginocchia il simulacro dell'uomo modellato da Efesto, nella mano sinistra lo scettro dono di Efesto; alla sinistra del re degli dei, Atena sua figlia (nata per opera di Efesto che con la scure ha aperto la testa di Zeus per farne uscire la Dea armata), intenta ad insufflare lo spirito vitale nel corpo dell'uomo modellato da Efesto, il cui destino è sulle ginocchia di Zeus (si noti che il decoratore ha posto i piedi dell'uomo proprio sulle ginocchia del Dio). L'uomo poggia la mano sullo scudo di Atena (il Palladio) ricoperto della pelle di Pallante, Titano ucciso da Atena nella rivolta dei Titani contro il loro padre Urano: sullo scudo è raffigurato il volto di Pallante prima che vi si sovrapponesse la testa di Medusa, dono di Perseo. Sopra Zeus, a sinistra, è posto Ardalo figlio di Efesto che suona l'aulos di cui è l'inventore; alla destra di Zeus, Afrodite, sposa infedele di Efesto, è intenta a specchiarsi, mentre Era, moglie di Zeus e madre di Efesto, tiene una cornucopia tra le braccia, aiutata da due eroti. Sopra ad Era è posto il cocchio senza ruote di Elios seduto, con Fetonte in piedi che tiene le redini ed Eos che guida i cavalli per le briglie (Elios aveva rivelato a Efesto il tradimento di Afrodite con Ares). Sotto una musa alata abbraccia il simulacro dell'uomo.
Il decoro è attribuibile ad uno dei tre decoratori attivi alla Salviati & C.: Giovanni Albertini, Antonio Tosi, Leopoldo Bearzotti.

9
Vaso a forme di pesce a macchie
Mottled, fish-shaped vase
Murano, Fratelli Toso, 1870

h. cm 21,5 l. cm 14
Collezione Rossella Junck
Contenitore su alto piede in lattimo incamiciato di acquamarina, turchese chiaro, a macchie rubino, blu, verde, giallo, avventurina, acquamarina con fili lattimo gettati irregolarmente e foglia d'argento tra i due strati, orlo ribattuto all'ingiù, nodo costolato in cristallo con 5 more, giunto a rocchetto in cristallo su cui poggia una morisa acquamarina da cui partono tre foglie costolate acquamarina; due pesci (tre in origine: quello mancante probabilmente in rubino) con la bocca rivolta verso l'alto, atti a contenere fiori, uno come il piede e il secondo in avventurina ricoperta di cristallo a macchie e fruste di lattimo, foglia d'argento tra i due strati, occhi di murrina gialla e nera, pinne, coda e bocca in cristallo costolato.
Cfr. CATALOGO FRATELLI TOSO, n. 241. L'esemplare è uno dei più significativi esiti coloristici della fantasia cromatica di Murano.

10
Zuccheriera in avventurina con coperchio e draghi
Covered sugar bowl in aventurine with dragons
Murano, Salviati Dott. Antonio fu Bartolomeo, 1865
h. cm 23,5 l. cm 23
Collezione Rossella Junck
Cista a corpo emisferico in cristallo in avventurina; sulla circonferenza esterna quattro more in cristallo; la parte inferiore è avvolta in una rete di filo di cristallo a baloton in rilievo due mandorle contrapposte con protome leonina inscritta; ai lati due serpenti alati in avventurina vuoti e ricoperti di cristallo, lingue in lattimo incamiciato di rubino, occhi di murrina gialla e nera, coperchio a cupola con filo in cristallo a baloton in rilievo sulla superficie inferiore, pinnacolo formato da un nodo schiacciato costolato e sei more in cristallo con sovrapposto un nodo più piccolo sormontato da un cespuglio di foglie verdi screziate su cui posa una pera gialla e rubino con foglia rigadin; quattro anelli in cristallo rigadin, due sui lati e due appesi alle code dei draghi.
Restaurato.
Vedi scheda n. 11

11
Zuccheriera a granzioli con coperchio e draghi
Covered sugar bowl with granzioli and dragons
Murano, Salviati Dott. Antonio fu Bartolomeo, 1865
h. cm 23,5 l. cm 23
Collezione Rossella Junck
Cista a corpo emisferico in cristallo a granzioli turchesi; sulla circonferenza esterna quattro more in cristallo; la parte inferiore è avvolta in una rete di filo di cristallo a baloton in rilievo due mandorle contrapposte con protome leonina inscritta; ai lati due serpenti alati in avventurina vuoti e ricoperti di cristallo, lingue in lattimo incamiciato di rubino, occhi di murrina gialla e nera, coperchio a cupola con filo in cristallo a baloton in rilievo sulla superficie inferiore, pinnacolo formato da un nodo schiacciato costolato a granzioli e sei more in cristallo con sovrapposto un nodo più piccolo a granzioli sormontato da un cespuglio di foglie verdi screziate su cui posa una pera gialla e rubino con foglia rigadin. Restaurato.
Cfr. CATALOGO SALVIATI & CO., n. 100: modello in reticello con piatto rialzato al di sotto della cista e con pera sul pinnacolo. CATALOGO SALVIATI & CO., n. BB: più simile al nostro modello, con due chimere contrapposte ai lati. Il gusto rococò (la pera realistica con foglie) e la similitudine con i modelli sopra descritti e soprattutto l'assenza nei successivi cataloghi della ditta giustificano l'attribuzione al primo periodo della Salviati.

12

Coppia di vasi a macchie trasparenti
Pair of transparent-splash vases
Murano, Napoleone Candiani, 1881
h. cm 24 l. cm 7
Collezione Stefano Salvadori

Corpo ovoidale allungato rastremato verso il basso verde trasparente con macchie avventurina, rubino e bluino nel primo vaso, avventurina, lattimo e verde nel secondo; collo a calice di loto, manici diritti dello stesso vetro del vaso, giunto a rocchetto verde, piede rialzato come il corpo con orlo ribattuto all'ingiù. Sotto uno dei vasi etichetta: «NAP. CANDIANI - N. VENEZIA».

13

Vaso in girasol
Vase in girasol
Murano, The Venice and Murano Glass and Mosaic Company Limited (Salviati & Co.), 1876
h. cm 26,8 l. cm 12
Collezione Rossella Junck

Vaso a forma di fiasca schiacciata (tipo fiasca del pellegrino) in girasol, collo svasato con costolatura che parte dal corpo del vaso, morisa acquamarina alla base del collo, nodo costolato e piede rialzato, orlo ribattuto all'ingiù. Restaurato.
Cfr. Museo delle Arti Industriali di Roma, n. 3033, pezzo entrato nel 1876: diverso il colore delle morise, in cristallo e foglia oro. Il modello non compare né in CATALOGO A. SALVIATI né nei cataloghi successivi.

14

Brocca ametista delle tre Grazie
Amethyst jug depicting the three Graces
Murano, Società Anonima per Azioni Salviati & C., 1870
h. cm. 23 l. cm 10
Collezione privata

Brocca ametista a corpo conico, becco a punta tirato verso l'alto e sagomato nella parte inferiore, manico a esse in cristallo e foglia oro, nodo vuoto sotto la base, piede rialzato ametista con bordo ribattuto all'insù, la spalla del vaso è decorata da un fregio di fiori in smalto rosa e verdi delimitati da due fasce di foglia oro e punti in smalto bianco, sul corpo tre gruppi di figure: sotto il becco le tre Grazie in posa danzante, a destra una citarista a passo di danza e dietro seduto un guerriero nudo con elmo sul capo, a sinistra due putti tedofori danzanti; la fascia inferiore del vaso è decorata da una sequenza di palmette in smalto verdi e rosse e foglia oro alternate tra due bande di foglia oro con sotto una fila di punti in smalto bianco.
L'esecuzione è ascrivibile a uno dei tre decoratori a smalto operanti nella Salviati & C.: Giovanni Albertini, Antonio Tosi, Leopoldo Bearzotti.
Cfr. CATALOGO C.V.M, p. 25: il primo pezzo in alto a sinistra è una brocca quasi uguale per forma a questa, ma con decoro più semplice; il modello è rimasto in produzione nella Compagnia Venezia Murano dopo la separazione da Salviati.

15

Ritratto di Tiziano in mosaico minuto
Mosaic portrait of Titian
Murano, Salviati Dott. Antonio fu Bartolomeo, 1864
h. cm 23 l. cm 18,6
Collezione De Carlo

Mosaico ovale a tessere minute su base di rame raffigurante Tiziano Vecellio; sul retro è incisa la scritta: «STABILIMENTO SALVIATI VENEZIA 1864».
Il mosaico è eseguito con molta cura, con tessere di dimensioni diverse raccordate tonalmente; è incorniciato con cornice ovale di legno dorato ed ha ai lati sul retro una catenella di rame per appenderlo.
Un ritratto di Tiziano era stato presentato all'Esposizione di Palazzo Ducale a Venezia del 1866: «I ritratti di Tiziano, di Rakoski, del principe Alberto, dell'avv. Salviati, sono lavorati con tanto artificio, che ti sembrano dipinture».
ESPOSIZIONE VENEZIA 1866.
Cfr. LIEFKES 1994, p. 285, n. 19: ritratto del principe Alberto in mosaico minuto datato 1864; è riconoscibile la stessa mano e lo stesso stile di questo di Tiziano.

16

Brocca in girasol con serpente e delfini
Jug in girasol *with serpent and dolphins*
Murano, Salviati Dott. Antonio, 1877
h. cm 23 l. cm 12
Collezione Rossella Junck

Corpo in girasol costolato, piccolo becco ricavato dal labbro svasato manico a forma di serpente in canna di reticello lattimo, testa con denti e occhi di smalto a goccia con pupille nere, lingua incamiciata di rubino, tre delfini in girasol a testa in giù con pinne biforcute e bocche in cristallo costolato, occhi a goccia bianchi con pupilla nera, le teste poggiano su di una morisa in cristallo come il giunto, piede in girasol rialzato e costolato con orlo ribattuto all'insù. Restaurato.
Cfr. CATALOGO A. SALVIATI, CATALOGO SALVIATI & C., n. 215: l'unica differenza (a parte la colorazione) è l'assenza del fiore tra delfino e delfino di cui a tutt'oggi non si è trovato alcun esempio. BARR 1998, p. 10 (pezzo centrale): attribuito agli Artisti Barovier o ai Fratelli Toso, ma non può essere considerato Artisti Barovier perché la Salviati aveva l'esclusiva su quel modello e non c'è niente di simile nei cataloghi dei Fratelli Toso. DRAGHI DI MURANO 1997, p. 79, n. 12: l'attribuzione proposta va rettificata poiché oggi si ipotizza che il CATALOGO A. SALVIATI sia apparso dopo, e non prima, la separazione dalla Compagnia Venezia Murano. CATALOGO SALVIATI & C., prezzo Fr. 30, poi Fr. 35.

17

Brocca in avventurina con serpente e delfini
Aventurine jug with serpent and dolphins
Murano, Salviati Dott. Antonio, 1877
h. cm 23 l. cm 12
Collezione Rossella Junck

Corpo in avventurina, piccolo becco ricavato dal labbro svasato manico a forma di serpente in canna di reticello lattimo, testa con denti e occhi di smalto a goccia con pupille nere, lingua incamiciata di rubino, tre delfini in girasol a testa in giù con pinne biforcute e bocche in cristallo costolato, occhi a goccia bianchi con pupilla nera, le teste poggiano su di una morisa in cristallo come il giunto, piede in avventurina rialzato e costolato con orlo ribattuto all'insù. Restaurato.
Vedi scheda n. 16.

18

Piatto a canne lattimo e avventurina
Plate in lattimo *and aventurine canes*
Murano, Società Anonima per Azioni Salviati & C., 1867
h. cm 3 l. cm 21

h. cm 16 l. cm 10
Collezione Rossella Junck
Caraffina in girasol, corpo a cono rovesciato rigadin con tre strozzature le due dal basso con una morisa di rubino, la terza con quattro fiori in lattimo colorato a polveri alternate acquamarina e rubino e foglie verdi ricoperte d'acquamarina con costolature ai due lati del fiore, da sotto il fiore di destra parte l'ansa in girasol che si congiunge al bordo trilobato con due fili di rubino, piede in girasol costolato con orlo ribattuto all'ingiù.
Cfr. CATALOGO A. SALVIATI, nn. 206 - 208: si noti l'evoluzione di questo modello, ancora di forte ascendenza settecentesca.

48
Coppa con cigno
Dish with swan
Murano, Salviati Dott. Antonio, 1880
h. cm 10 l. cm 12,5
Collezione Rossella Junck
Coppa emisferica acquamarina con bordo ondulato e filo lattimo gettato sotto il bordo a 6 spire; un cigno in girasol vuoto con le ali costolate spiegate si affaccia sul bordo della coppa, becco arancio, occhio nero a goccia, breve giunto in cristallo e piede acquamarina rialzato con filo lattimo applicato a 5 spire.
Cfr. CATALOGO A. SALVIATI, n. 102: il cigno è in girasol e la coppa è in vetro rubino. Nelle due edizioni del CATALOGO SALVIATI & C., prezzo invariato di Fr. 10.

49
Vaso a forma di cigno
Swan-shaped vase
Murano, Salviati Dott. Antonio, 1880
h. cm 22 l. cm 8
Collezione Rossella Junck
Corpo a forma di cigno in girasol globulare la cui coda si allunga a forma di vaso ad imbuto, lungo collo sottile svasato col bordo ondulato, collo ripiegato in avanti con becco in pasta arancione, ali in girasol costolate, occhi di mirrina gialla e nera, zampe in pasta arancione poggianti sul giunto in cristallo a rocchetto circondato da una morisa acquamarina, piede rigadin ritorto in girasol con orlo ribattuto all'ingiù. Sotto il piede etichetta ovale a capette con scritte in blu in una cornice ovale: «Dr. A. SALVIATI - N - F - VENEZIA». Restaurato.
Cfr. CATALOGO A. SALVIATI, n. 250. DRAGHI DI MURANO 1997, p. 73, n. 8. Sulla base dei nuovi elementi raccolti, la datazione va spostata al 1880 e l'attribuzione corretta è probabilmente Salviati Dott. Antonio.

50
Vaso a imbuto
Funnel-shaped vase
Murano, Società Anonima per Azioni Salviati & C., 1870
h. cm 30,5 l. cm 7,5
Collezione Stefano Salvadori
Lungo tubino in girasol allargantesi a imbuto con bordo a 20 cappette, 4 manici rubino con morisa in cristallo a esse che vanno dalla base del vaso al nodo allungato in cristallo vuoto, giunto a rocchetto in cristallo, piede in girasol con orlo ribattuto all'ingiù.
Cfr. CATALOGO A. SALVIATI, nn. 262-263: modelli analoghi ma con il bordo regolare; la differenza del bordo a cappette dell'esemplare proposto fa presupporre che si tratti di un modello precedente alla divisione Salviati – Compagnia Venezia Murano.

51
Alzata mignon con delfini
Miniature fruit-stand with dolphins
Murano, Salviati Dott. Antonio fu Bartolomeo, 1860
h. cm 11,2 l. cm 12
Collezione Zoppi
Coppa in girasol rigadin ritorto con bordo ondulato, fusto in cristallo rigadin ritorto con alla base un nodo costolato in girasol con sopra una morisa in cristallo, su cui si appoggiano con la testa tre delfini in girasol con bocca e pinne in cristallo, occhi di murrina bianca e blu; tra i delfini un ricciolo in girasol, piede in girasol rigadin ritorto con orlo ribattuto all'ingiù.
Questi pezzi di piccole proporzioni e di difficile esecuzione servivano probabilmente di modello ai maestri per la realizzazione degli esemplari a grandezza naturale.
Si propone l'attribuzione alla Salviati Dott. Antonio fu Bartolomeo, come pure per il pezzo precedente. Il modello non corrisponde però al n. 617 del CATALOGO SALVIATI & C. Un'altra possibilità potrebbe essere l'attribuzione ai Fratelli Barovier, 1885, dopo l'acquisto della fornace Salviati.

52
Alzata mignon con cigni
Miniature fruit-stand with swans
Murano, Salviati Dott. Antonio fu Bartolomeo, 1860
h. cm 9,3 l. cm 11,2
Collezione Zoppi
Coppa emisferica blu con all'interno macchie d'avventurina e bordo ondulato, fusto in cristallo costolato su cui si appoggiano tre cigni in girasol, corpo e ali costolate, becco e zampe in pasta arancione, occhi a goccia blu, zampe appoggiate su una morisa acquamarina con sottostante giunto in cristallo; tra i cigni un fiore a polveri rubino a 5 petali con bottone giallo, piede come la coppa con orlo ribattuto all'ingiù.

53
Piastra commemorativa a smalti vitrei
Glass inlay commemorative plaque
Murano, Domenico Giobbe, 1875
h. cm 2,5 Lun cm .15,4 Lar cm 11,3
Collezione privata
Piastra in marmo nero del Belgio, sagomata, con al centro un tondo ad intarsio di avventurina (in due diverse tonalità) e smalti vitrei, cerchio centrale in smalto blu, sotto il nodo Savoia con iscritte a sinistra le iniziali «E V» (Vittorio Emanuele), a destra «F G» (forse «Giobbe Fecit»), al disopra la corona reale in avventurina e smalti bianco, lacca, blu, turchese; sull'anello in avventurina è iscritta la dedica a smalto blu: «RICORDO DI VENEZIA V APRILE MDCCCLXXV»; una stella a 5 punte bianca in campo tondo blu separa l'inizio e la fine della scritta.
Dietro la piastra è incisa a punta in caratteri corsivi la scritta: «A S. M. Vittorio Emanuele II Re D'Italia presenta e fece Domenico Giobbe».

54
Coppia di vasi a macchie policrome
Pair of polychrome flecked vases
Murano, Francesco Ferro e figlio, 1880
h. cm 35 l. cm 9
Collezione privata
Vaso a corpo ovoidale allungato all'interno smalto bianco con sovrapposte macchie acquamarina, rubino e avventurina ricoperte di cristallo, lungo collo

terminante a calice di loto, due manici dritti costolati in cristallo con macchie degli stessi colori del vaso terminanti con arrotondamento sotto il calice, giunto in cristallo a rocchetto, piede come il corpo con orlo ribattuto all'ingiù.
Cfr. MILLE ANNI 1982, p. 232, n. 443.
È probabile che fosse la Francesco Ferro & Figlio a fornire alla Salviati Dott. Antonio gli impasti per questo tipo di colorazione.

55
Vaso calcedonio
Vase in calcedonio
Murano, Società Anonima per Azioni Salviati & C., 1867
h. cm 15 l. cm 10
Collezione Rossella Junck
Vaso calcedonio nelle tonalità del verde, marrone, giallo, azzurro; corpo globulare schiacciato, piede ricavato dal corpo, largo collo e ampio bordo svasato.
Cfr. MUNDT 1973, n. 137: simile per l'essenzialità della forma e per i colori.

56
Vaso calcedonio
Vase in calcedonio
Murano, Società Anonima per Azioni Salviati & C., 1876
h. cm 20,5 l. cm 9,5
Collezione Rossella Junck
Vaso a corpo sferico in calcedonio nelle tonalità del viola rastremato verso il basso, piede ricavato dal corpo, lungo collo cilindrico con cordolo a 11 spire in calcedonio, bocca espansa e bordo rientrante.
Questo pezzo, come gli altri calcedoni qui pubblicati, può essere attribuito a Lorenzo Radi, il fornitore e tecnico per le paste calcedonie della Salviati; da notare però che la bocca del vaso è tipica della dita Francesco Ferro & Figlio.
Cfr. CATALOGO FRATELLI TOSO, n. 143: la forma è analoga ma senza il piede rientrante e il bordo a ciambella. Museo delle Arti Industriali di Roma, n. 3060: anforetta in calcedonio, Salviati, 1876.

57
Vaso calcedonio
Vase in calcedonio
Murano, Società Anonima per Azioni Salviati & C., 1876
h. cm 11 l. cm 6
Collezione Rossella Junck
Vaso calcedonio nelle tonalità del viola azzurro e giallo, corpo globulare stretto collo leggermente svasato, piede ricavato dalla base.

58
Vaso calcedonio
Vase in calcedonio
Murano, Salviati Dott. Antonio, 1880
h. cm 20 l. cm 5,5
Collezione Stefano Salvadori
Vaso globulare allungato in calcedonio a fasce verticali di due colorazioni sui toni del verde e dell'ametista, lungo collo terminante a calice di loto con bordo ondulato, avvolto da un cordolo di calcedonio a 5 spire, giunto a rocchetto e piede come il corpo con orlo ribattuto all'ingiù.
Cfr. CATALOGO A. SALVIATI, n. 136: nei successivi cataloghi Salviati il prezzo rimane invariato a 8 Fr.
Vedi scheda n. 61.

59
Coppa "romana" a canne e murrine
"Roman" bowl with canes and murrine
Murano, Vincenzo Moretti per Compagnia Venezia Murano, 1880
h. cm 16,5 l. cm 5
Collezione privata
Coppa emisferica a canne e murrine lucidata all'interno e all'esterno, crociera di canne azzurre, lattimo, retorto in lattimo con al centro alternate murrine gialle e ametista, al centro della crociera una murrina con intrecciate le lettere V e M, firma della Compagnia Venezia Murano; le quattro vele alternano composizioni delle stesse canne e murrine.
Esempio maturo dello stile storicistico in cui si evidenzia l'abilità raggiunta da Vincenzo Moretti rispetto al modello archeologico romano.
Cfr. BAROVIER MENTASTI 1982, p. 212, n. 213: coppa di Vincenzo Moretti, collezione Museo Bellerive di Zurigo, con la sigla «V M».

60
Coppa turchese
Turquoise goblet
Murano Società Anonima per Azioni Salviati & C.,1867
h. cm 16 l. cm 10
Collezione Rossella Junck
Coppa su piede dall'ampia bocca svasata turchese con macchie di avventurina, baloton di cristallo in rilievo; sull'orlo della bocca una canna trasparente con all'interno un retortolo (due canne) di lattimo incamiciato di acquamarina, nodo schiacciato con una canna come sull'orlo; lungo la circonferenza esterna con sovrapposte 7 more rubino, alto piede svasato come la coppa, orlo ribattuto all'ingiù. Il modello può essere accostato per forma e colore alla coppa turchese quattrocentesca decorata a smalti del museo di Murano (cfr. BAROVIER MENTASTI 1982, p. 56, n. 36) alla quale probabilmente si ispira, reinterpretata nel gusto coloristico dell'epoca. Questo esemplare è, come si può facilmente controllare, identico in ogni dettaglio, con la sola differenza della sfumatura del colore, al pezzo conservato al Victoria and Albert Museum (VAM 892-1868), acquistato nel 1868 (ill. pag. 8).
Cfr. MUNDT 1973, n. 151: il calice presenta lo stesso elemento decorativo del retortolo sull'orlo e sulla circonferenza.

61
Vaso turchese chiaro
Pale turquoise vase
Murano, Salviati Dott. Antonio, 1878
h. cm 16,5 l. cm 5
Collezione Stefano Salvadori
Vaso globulare allungato in lattimo ricoperto di acquamarina (turchese chiaro) e macchie di avventurina, lungo collo terminante a calice di loto con bordo ondulato, sul collo cordolo in cristallo a spirale con 6 spire, giunto a rocchetto in cristallo, piede come il corpo, orlo ribattuto all'ingiù.
Cfr. CATALOGO A. SALVIATI, n. 136. Si confronti anche con la variante in calcedonio dello stesso modello (scheda n. 58), a riprova della versatilità dei maestri muranesi.

62
Vaso rubino e avventurina
Vase in aventurine and rubino
Murano, Vittorio Zuffi, 1895
h. cm 12 l. cm 7

Collezione Rossella Junck

Vaso in smalto bianco ricoperto di rubino e con macchie di avventurina, corpo globulare schiacciato con due nodi sottostanti ricavati dal corpo, collo svasato in fuori, bordo ondulato, due manici in cristallo con morise ai lati del collo, giunto in cristallo, piede come il corpo, orlo ribattuto all'ingiù.
Cfr. CATALOGO VITTORIO ZUFFI, n. 194: le morise terminanti a nastro sono caratteristiche della Vittorio Zuffi. CATALOGO A. SALVIATI, n. 127: l'esemplare proposto differisce dal disegno per la parte finale del manico a nastro.

63
Vaso Corinto
Corinto vase
h. cm 14 l. cm 7
Murano, Francesco Ferro & Figlio, 1880
Collezione privata
Corpo globulare nero a macchie azzurro bianco e girasol con foglia oro, nodo più piccolo da cui parte il collo svasato con bordo a 8 cappette. La foglia oro imita la corrosione tipica dei vetri di scavo.
Cfr. VETRI MURANO OTTOCENTO 1978, n. 89.

64
Vaso blu e lattimo
Blue vase with lattimo
Murano, Compagnia Venezia Murano, 1895
h. cm 38 l. cm 13
Collezione Rossella Junck
Vaso blu cobalto a corpo cilindrico, collo svasato con filo di lattimo sul bordo, tre anse ad angolo acuto vanno dalle spalle alla bocca, sul corpo doppio filo di lattimo con al centro 9 perle di lattimo, alto piede applicato, svasato e rialzato con nodo sotto l'attaccatura e filo di lattimo sull'orlo blu come il corpo.
Cfr. BAROVIER MENTASTI 1982, p. 209, n. 209: vaso nella collezione del Corning Museum of Glass, con un analogo impianto strutturale.

65
Brocca turchese con serpente
Turquoise jug with serpent
Murano, Salviati Dott. Antonio fu Bartolomeo, 1865
h. cm. 31 l. cm 15,5
Collezione privata
Corpo sferico schiacciato turchese (lattimo ricoperto di acquamarina) con sottoposti tre nodi schiacciati ricavati dal corpo degradanti con morisa in cristallo, sulla circonferenza esterna una ghirlanda formata da un filo verde con due foglie verdi costolate alternate a quattro fiori a sei petali lattimo e rubino costolati con bottone giallo e due foglie verdi costolate in diagonale, lungo collo con cordolo in cristallo a quattro spire e becco sagomato, manico turchese a esse fermato sotto un fiore e terminante sul bordo, un serpente d'avventurina è arrotolato sul manico, denti in smalto bianco e occhi, piede ribattuto all'ingiù; sul piede un filo verde e due foglie che dal ramo del corpo prosegue sui nodi fino al piede.
Cfr. CATALOGO A. SALVIATI, n. 207: è pubblicata la versione in turchese: la differenza col nostro esemplare è la mancanza del filo verde con foglie che unisce i fiori. Siamo propensi a rettificare l'interpretazione data in DRAGHI DI MURANO 1997, p.71 n. 5, spostandola alla Salviati Dott. Antonio, 1877.

66
Inghistera d'avventurina

Inghistera *in aventurine*
Murano, Salviati Dott. Antonio, 1880
h. cm 39,5 l. cm 19
Collezione Rossella Junck
Bottiglia su alto piede svasato, corpo globulare schiacciato con lungo collo leggermente svasato in avventurina tesa incamiciata di cristallo, a metà del collo un anello a disco rastremato in cristallo, piede con doppio bordo ribattuto all'insù. Il modello riprende una tipologia islamica del XIV e XV secolo, reinterpretato a Murano secondo il gusto coloristico ottocentesco. Già dal 1869 la Salviati & C. produceva lampade smaltate per moschea, commissionate dal Kedivè d'Egitto: è pensabile che questo pezzo sia nato sulla scia del gusto orientalista.
Cfr. CATALOGO A. SALVIATI, n. 193: nella versione a macchie policrome. SALVIATI 1922, foto senza numero.
Questo pezzo è stato pubblicato in BAROVIER 1998, p. 35.

67
Bottiglia a canne
Bottle with canes
Murano, Società Anonima per Azioni Salviati & C., 1867
h. cm 27,5 l. cm 12
Collezione Rossella Junck
Bottiglia a corpo sferico e collo allungato, formata da 22 canne di cristallo con reticello bianco a 11 fili e due canne di avventurina a retortolo, 7 more di avventurina al di sotto della circonferenza esterna e 7 alla base del collo, morisa in cristallo, orlo del collo con filo d'avventurina, tappo a cuspide a canne come la bottiglia finito con morisa di cristallo e tre piccole more di avventurina più una sulla punta, piede rientrante ricavato dal corpo.
L'attribuzione è proposta per analogia all'ampolla della scheda 6. L'assenza delle morise sulla parte inferiore del corpo e il tappo uguale sono comuni ai modelli del CATALOGO SALVIATI & CO., n. 397a e n. 402.

68
Ampolla a retortolo
Retortolo cruet
Murano, Società Anonima per Azioni Salviati & C., 1867
h. cm 19,5 l. cm 6,5
Collezione Rossella Junck
Ampolla a corpo ovoidale con stretto collo allungato e leggermente svasato, piede rialzato; l'ampolla è composta da 14 canne di lattimo a 8 fili e due canne di avventurina a retortolo, soffiato in un solo pezzo dal piede all'orlo (rifinito da un filo di avventurina), tappo vuoto a pinnacolo composto da 16 canne come l'ampolla.
L'attribuzione si basa sul confronto con un vasetto che presenta la medesima tecnica e le stesse canne (il lattimo è incamiciato di rubino) di cui si conosce la data di acquisto da parte del Kunstgewerbemuseum di Berlino, pubblicato in MUNDT 1973.

69
Ciotola in filigrana
Bowl in filigree
Murano, Società Anonima per Azioni Salviati & C., 1875
h. cm 5 l. cm 18
Collezione Rossella Junck
Ciotola a 6 lobi composta da 25 canne ritorte con 10 fili di smalto bianco e due di avventurina, filo di avventurina sul bordo, piede ricavato dal corpo.

70
Alzata con drago e fruste
Fruit-stand with internal trailing and dragon
Murano, Salviati Dott. Antonio, 1880
h. cm 17,8 l. cm 13
Collezione Rossella Junck
Ampia coppa svasata trilobata verde chiaro con fruste lattimo gettate irregolarmente e inclusione di piccoli ritagli di foglia oro, fusto formato da un drago alato in cristallo e foglia oro poggiante con la coda a punta di freccia su di una morisa di cristallo, la testa e le zampe protese verso la coppa, occhi di murrina gialla e nera, lingua in lattimo incamiciata di rubino, piede rialzato come la coppa, orlo ribattuto all'ingiù.
Cfr. CATALOGO SALVIATI & C., n. 1106: Fr. 12, poi Fr. 18. DISEGNI SALVIATI.

71
Delfino a macchie su giardino
Bluino-mottled dolphin with flowers
Murano, Società Anonima per Azioni Salviati & C., 1875
h. cm 26 l. cm 10
Collezione Rossella Junck
Vaso a forma di delfino con la testa poggiata su di un'aiuola di foglie e fiori, corpo fumé costolato a macchie bluino e fruste lattimo con foglia oro, occhi di murrina gialla e nera, pinne e bocca in cristallo costolato, giunto cilindrico circondato da 7 doppie foglie contrapposte a polveri acquamarina con al centro un fiore a 5 petali costolati a polveri rubino, piede come il corpo con orlo ribattuto all'ingiù. Manca del manico.
Le brocche a forma di delfino sono molto comuni nella produzione ottocentesca, ma questo è un raro esempio con giunto cilindrico decorato ad aiuola, particolare che non compare nei disegni di nessuna ditta. L'attribuzione è sostenuta sulla base dello stile del modellato e dei colori.

72
Lavadita in girasol
Fingerbowl in girasol
Murano, C. V. M., 1877
h. cm 6,4 l. cm 9,7
Collezione Rossella Junck
Coppetta e piatto lavadita in girasol, coppa cilindrica con piede ricavato dal corpo, sotto il bordo decoro a palmette in foglia oro graffita con puntini a smalto rosso verde blu bianco; lo stesso decoro è sul bordo del piatto, sotto il piatto al centro una murrina color lacca: «V M» intrecciate, con sopra una corona. Esemplare importante per la presenza dell'unica firma a murrina della Compagnia Venezia Murano finora documentata (nell'Ottocento i pezzi firmati erano comunque molto rari e si sono perse la maggior parte delle etichette originali).
Cfr. KLESSE REINEKING 1973, p. 151, n. 295: senza piattino. Museo delle Arti Industriali di Roma, n. 3099, entrato nel 1876: non ha la murrina sotto il piattino, perché è dell'anno precedente alla separazione tra la Salviati e la Compagnia Venezia Murano. La presenza della murrina testimonia la precisa volontà di differenziarsi dagli ex soci, divenuti concorrenti.

73
Calice quadrilobato rubino
Quadrilobate wineglass in rubino
Murano, The Venice and Murano Glass and Mosaic Company Limited (Salviati & Co.), 1876

h. cm 11 l. cm 9
Collezione privata
Bevante rubino quadrilobato modellato a stampo, bordo molato con fascia sotto il bordo in smalti azzurro, verde e foglia oro, sui quattro lati due gocce con tre punti bianchi, piede a balaustro in cristallo vuoto, giunto a rocchetto e piede in cristallo con orlo ribattuto all'ingiù.
Cfr. Museo delle Arti Industriali di Roma, n. 3063: esemplare analogo con bevante verde. CAPPA 1998, p. 504, n. 864.

74
Calice quadrilobato blu
Blue quadrilobate wineglass
Murano, Salviati Dott. Antonio, 1880
h. cm 11,2 l. cm 8,4
Collezione Rossella Junck
Bevante quadrilobato blu modellato a stampo, bordo molato con fascia a foglia oro e smalti lacca, verde e blu sotto il bordo, con al disopra una fila di punti in smalto bianco e al disotto una fila di punti più piccoli, ai quattro lati decoro a due gocce con tre punti bianchi, fusto e piede in cristallo.
Il decoro a gocce è caratteristico della Salviati; atipici il fusto e il piede.

75
Vaso azzurro a fruste
Blue vase with internal trailing
Murano, Compagnia Venezia Murano, 1884
h. cm 29,4 l. cm 18
Collezione Rossella Junck
Vaso azzurro a fili di lattimo gettati irregolarmente a due corpi globulari schiacciati, il più basso con decoro in rilievo a mezza stampatura, quello superiore con tre becchi comunicanti con l'interno costolati con fiore applicato alla base alternati a tre manici costolati a esse, sul ricciolo esterno quattro morise pinzate e un fiore alla base, largo collo con morisa alla base e doppio bordo ribattuto in fuori, nodo ricavato dalla base e piede rialzato applicato come il corpo con doppio orlo ribattuto all'insù.
L'attribuzione si basa su di un analogo pezzo in Museo delle Arti Industriali di Roma, n. 3077, della Compagnia Venezia Murano, entrato nel 1884.
Cfr. CATALOGO TESTOLINI, n. 1081: con due fili che racchiudono i manici, assenti nel pezzo del Museo delle Arti Industriali di Roma. Da notare che la Testolini nel 1910 è proprietaria della Compagnia Venezia Murano.

76
Coppa a fondo oro
Bowl with scratched gold leaf
Murano, Fratelli Toso, 1895
h. cm 6 l. cm 12,5
Collezione Baffi
Coppa cilindrica rientrante sul fondo in pagliesco con tre fili acquamarina sul bordo, fondo acquamarina con inclusa decorazione a foglia oro graffita in stile paleocristiano raffigurante una matrona con le braccia aperte e ai lati due colombe con nel becco una ghirlanda, il capo separa le lettere del nome «AN-GNES», la raffigurazione è racchiusa da una ruota dentata.
Cfr. CATALOGO FRATELLI TOSO, n. 1835.

77
Piatto di Apollo e Giacinto
Plate depicting Apollo and Hyacinthus

tuto all'ingiù.
Cfr. CATALOGO SALVIATI & C., n. 1085 (Fr. 40, poi Fr. 38).

107
Coppia di delfini acquamarina
Pair of aquamarine dolphins
Murano, Salviati Dott. Antonio, 1877
h. cm 20,8 l. cm 9,5; h. cm 21 l. cm 9
Collezione Rossella Junck
Delfino in acquamarina, corpo costolato con bocca in cristallo costolato in alto, tre pinne in cristallo sulla testa, coda attorcigliata terminante in tre pinne in cristallo costolate, occhi a goccia in girasol con pupilla nera, giunto in cristallo con quattro foglie aperte costolate su cui poggia il delfino; un cordolo verde trasparente si attorciglia sul giunto a sei spire, la base è composta da cinque conchiglie a stampo colorate in bianco, acquamarina, rubino, tra le conchiglie è inserito un cordolo retorto in verde trasparente. Restaurato.
Cfr. CATALOGO SALVIATI & C., n. 254: Fr. 15, poi Fr. 14. Il modello era sicuramente presente anche in CATALOGO A. SALVIATI, perché compreso tra i numeri 235-256 mancanti dalla copia del catalogo pervenutaci. DISEGNI TESTOLINI, s. n. (numero compreso probabilmente tra 330 e 333). CATALOGO TESTOLINI, n. 514: si differenzia per un porta candele cilindrico nella bocca e per l'assenza delle costolature sul corpo e delle foglie alla base del giunto (assenti anche nel disegno). *Ancient and Modern Venetian Glass of Murano*, «Harper's New Montly Magazine», 1882, p. 185.

108
Coppa ametista con drago
Amethyst goblet with dragon
Murano, Fratelli Toso, 1880
h. cm 32,5 l. cm 20
Collezione Rossella Junck
Coppa ametista sagomata a mezza stampatura alla base e colature con foglia oro, giunto in cristallo, drago in cristallo a macchie ambra ad ali spiegate, occhi di murrina gialla e nera, lingua in lattimo incamiciata di rubino, corpo attorcigliato a un fusto di cristallo con foglia oro innestato sul piede con colature, piede rialzato ametista con orlo ribattuto all'ingiù. Restaurato.
Cfr. CATALOGO FRATELLI TOSO, n. 413: vedi scheda n. 65.

109
Coppa con murrine e drago
Goblet with murrine *and dragon*
Murano, Fratelli Toso, 1880
h. cm 32 l. cm 17,5
Collezione Rossella Junck
Coppa in cristallo sagomata a mezza stampatura con colature e foglia d'argento con inglobate murrine policrome a disegno circolare e a spirale rubino e bianco, giunto in cristallo, drago fumé, occhi di murrina gialla e nera, lingua in lattimo incamiciata di rubino, corpo costolato e cresta sulla schiena, ali spiegate con foglia d'argento; il drago si attorciglia a un fusto in cristallo che si innesta sul piede con colature e con foglia d'argento, piede rialzato decorato come la coppa con una scheggia d'avventurina, orlo ribattuto all'insù. Restaurato.
L'esemplare è significativo per l'inserimento delle murrine: si noti la presenza di murrine a spirale, tipiche del primo periodo della produzione a murrine dei Fratelli Toso.
Cfr. CATALOGO FRATELLI TOSO, n. 413. Di questo modello esistono due versioni

più tarde: n. 1048, con la coppa diversa e il drago semplificato; n.1379, con la coppa uguale e il drago semplificato.

110
Vaso blu a macchie d'avventurina
Blue vase spangled with aventurine
Murano, M. Q. Testolini, 1880
h. cm 12,5 l. cm 7
Collezione Rossella Junck
Corpo globulare a macchie d'avventurina, collo formato da quattro nodi schiacciati e degradanti verso l'alto, bordo svasato, manici ad archetto con sovrapposte morise in cristallo, piede ricavato dal corpo.
Cfr. DISEGNI TESTOLINI, n. 460.

111
Coppa a fasce avventurina e verde
Goblet with alternate bands of aventurine and green
Murano, Salviati Dott. Antonio, 1880
h. cm 13,2 l. cm 13
Collezione Zoppi
Coppa globulare più stretta al bordo a fasce alternate d'avventurina naturale e avventurina verde (ricoperta di acquamarina), che all'interno della coppa risultano invertite, 8 more in cristallo sulla circonferenza esterna, sotto il bordo filo in cristallo gettato a spirale a 8 spire, drago in cristallo costolato e segmentato con le ali costolate, coda attorcigliata a punta di freccia, giunto in cristallo, piede rialzato come la coppa, orlo ribattuto all'ingiù. Restaurato.
Cfr. CATALOGO SALVIATI & C., n. 799. DRAGHI DI MURANO 1997, p. 120, n. 49.

112
Lavadita in cristallo e avventurina
Finger-bowl in colourless glass and aventurine
Murano, Società Anonima per Azioni Salviati & C., 1870
Piatto h. cm 2,5 l. cm 17,5. Ciotola h. cm 6 l. cm 10
Collezione Rossella Junck
Coppa in cristallo cilindrica con piede ricavato dal corpo, bordo con filo d'avventurina e fili gettati a spirale a 10 spire, 8 more d'avventurina alla base. Piatto in cristallo con filo d'avventurina sul bordo, filo gettato a spirale a 7 spire e sopra 8 more in avventurina. I lavadita erano elementi indispensabili dei servizi da tavola.
Cfr. VETRI IN TAVOLA 1999, pagg. 18-22, nn. 10-12, 25-27.

113
Zuccheriera in cristallo e avventurina
Sugar bowl in colourless glass and aventurine
Murano, Società per Azioni Salviati & C., 1867
h. cm 14 l. cm 10
Collezione Rossella Junck
Zuccheriera globulare schiacciata con coperchio in cristallo, piede ricavato dal corpo, due morise di avventurina a retortolo parallelo alla superficie esterna racchiudono 6 more in avventurina, coperchio a cupola con retorto di avventurina, pinnacolo ricavato dal coperchio con tre more a lato e una sopra in avventurina.
Cfr. CATALOGO SALVIATI & CO., n. 8b. MUNDT 1973, n.145.

114
Vaso in avventurina
Vase in aventurine
Murano, Società Anonima per Azioni Salviati & C.,1866

h. cm 20 l. cm 12,5
Collezione Rossella Junck
Vaso in avventurina tesa (soffiata) incamiciato di rubino, corpo a pera rovesciata, collo esile e svasato, due manici ai lati in cristallo costolati (rigadin) con morise terminanti con un ricciolo, giunto in cristallo, piede rialzato in avventurina orlo ribattuto all'ingiù. Restaurato.
Cfr. CATALOGO SALVIATI & CO., n. 379: ripreso e variato in CATALOGO A. SALVIATI, n. 175. Il n. 195 dello stesso catalogo ne è una ulteriore variante: il fatto che il modello non sia presente in questo secondo catalogo e le caratteristiche di fattura fanno propendere per una datazione precedente alla divisione della Salviati dalla Compagnia Venezia Murano.

115
Brocca blu con fili
Blue jug with fine trailing
Murano, Società per azioni Salviati & C., 1876
h. cm 27 l. cm 12
Collezione Rossella Junck
Brocca blu iridata, becco trilobato con orlo ribattuto in fuori, corpo conico globulare, dalla parte superiore fino alla base del collo è gettato un filo blu a 9 spire, la parte conica del vaso è scandita da 12 costolature in rilievo ottenute a mezza stampatura, manico blu a esse costolato e fermato alla base da un mascherone di leone blu, piccolo piede come il corpo con orlo ribattuto all'ingiù.
Cfr. CATALOGO A. SALVIATI, n. 201 bis: questa è la variante più vicina all'esemplare proposto: il colore è blu, si vedono le costolature ma manca la spirale, il mascherone è un volto, e la bocca è lobata. Museo delle Arti Industriali di Roma, n. 3040: le costolature a mezza stampatura sono analoghe a questo esemplare.

116
Calice con draghi e serpente
Wineglass with dragons and serpent
Murano, Salviati Dott. Antonio, 1885
h. cm 27, 4 l. cm 13,8
Collezione Rossella Junck
Coppa a tulipano formata da 22 canne di reticello lattimo con retortolo al centro alternate a canne di reticello lattimo a 8 fili e due canne ritorte di avventurina, due draghi alati acquamarina e foglia oro con ali lobate a trattini, appoggiati con le zampe sul bordo e affrontati, occhi di murrina gialla e nera, lingua in lattimo incamiciata di rubino, nodo in cristallo costolato con foglia oro, tre archetti tra il nodo e il calice con catenelle e tre more all'esterno, fusto a balaustro vuoto in cristallo con foglia oro su cui si attorciglia un serpente acquamarina con foglia oro, occhi e lingua come i draghi, piede rialzato come il calice con orlo ribattuto all'ingiù.
Cfr. CATALOGO SALVIATI & C., n. 1099: prezzo invariato di Fr. 35.

117
Calice da parata a polveri
Presentation goblet with powdered gilding
Murano, Società Anonima per Azioni Salviati & C., 1870
h. cm 21,8 l. cm 9,6
Collezione privata
Bevante a bulbo allargantesi con bocca molto svasata a polveri giallo, blu, rubino, verde disposte a spirale, giunto in cristallo a coppa, rosone circolare in cristallo con cordolo a zigzag a sei punte per lato, al centro una stella mari-

na a 5 punte a polveri rubino, fusto dritto e pieno in cristallo, piede rialzato come il bevante, orlo ribattuto all'insù.
Cfr. CATALOGO SALVIATI & CO., n. UU: definito «Tour de force», presenta molte affinità col modello proposto, compresa la stella marina che nel CATALOGO A. SALVIATI compare solo nel calice con coperchio n. 27.

118
Acquamanile a polveri
Ewer in the form of a boat with powdered gilding
Murano, Giulio Salviati, 1895
cm 27,5 l. cm 20,5
Collezione Rossella Junck
Acquamanile a forma di navicella a polveri giallo, acquamarina, rubino; scafo costolato bombato all'esterno, due cordoli paralleli appiattiti acquamarina tutt'attorno allo scafo sulle due fiancate, al centro un mascherone con testa di putto, ai lati due perle in cristallo e foglia oro, a prua cannula comunicante in cristallo con alla base un mascherone con putto, a poppa un manico con costolatura centrale e sopra un fanale vuoto a polveri rubino, sartie a quattro ordini di cordolo sagomato a triangoli sormontate da un corno in cristallo con filo acquamarina a spirale, nodo costolato e alto piede a polveri giallo con orlo, ribattuto all'ingiù. Restaurato.
È l'unico acquamanile finora pubblicato nella versione a polveri colorate.
L'attribuzione alla Giulio Salviati è proposta sulla base della colorazione a polveri e del corno sulla coffa: si noti la sostituzione dei mascheroni di leone con quelli di teste di putti.
Cfr. CATALOGO SALVIATI & C., n. 1051: il grande aumento di prezzo tra le due edizioni del catalogo (40 Fr., poi 75 Fr.) fa pensare che nel 1895 il modello fosse ancora poco richiesto e di difficile realizzazione. L'alto numero di catalogo fa supporre che questo modello sia entrato nei cataloghi Salviati solo intorno agli anni 85-90 (la coppa Guggenheim, con il n. 60, è stata prodotta a partire dal 1875). Il tipo precedente, con un pesce sulla coffa al posto del corno, vedi DRAGHI DI MURANO 1997, n. 9, venne prodotto dalla Società Anonima per Azioni Salviati & C. prima della separazione dalla C.V.M., vedi anche SALVIATI ANTONIO 1982, n. 5. Il modello Testolini, sempre in DRAGHI DI MURANO 1997, n. 10, ha sulla coffa un serpente marino, elemento inconfondibile del n. 1026 del CATALOGO TESTOLINI (si noti anche qui il numero di disegno, oltre il mille).

119
Vaso a canne a retortolo
Vase with retortolo canes
Murano, Salviati Dott. Antonio, 1880
h. cm 15, l. cm 9
Collezione Rossella Junck
Vaso a 19 canne in cristallo a retortolo blu, corpo sferico con collo allungato terminante a bulbo, due anse ai lati del collo formate con la stessa canna del vaso, con morise ed archetti in cristallo, base con zembola applicata in cristallo; la superficie del vaso è iridata.
Cfr. CATALOGO A. SALVIATI, n. 181.

120
Vaso a canne e zanfirico
Zanfirico vase
Murano, Vittorio Zuffi, 1890
h. cm 23 l. cm 8
Collezione Rossella Junck

Corpo sferico con collo allungato composto da canne di reticello bianco con due canne intrecciate di avventurina separate da canne acquamarina, due morise sul collo tra le quali due manici in cristallo con morise, alto piede svasato sotto la base come il corpo, orlo ribattuto all'ingiù. Restaurato.
L'attribuzione è proposta per la forma dei manici terminanti a nastro ondulato, caratteristici della produzione Zuffi.

121
Vaso lattimo a penne
Vase in combed lattimo
Murano, Compagnia Venezia Murano, 1880
h. cm 13,2 l. cm 7
Collezione Rossella Junck
Vaso a forma ovoidale in lattimo decorato a penne rosa e blu (ottenute dalla tecnica di pettinatura di due canne alternate rosa e blu) con collo leggermente espanso, bordo orlato da un filo giallo, un filo giallo più sottile è gettato a 6 spire, piede in girasol applicato. Restaurato.
Non si conoscono altri esempi pubblicati di questo tipo; l'attribuzione alla Compagnia Venezia Murano si basa sull'affinità di colori ed elementi (i fili gettati e il piede in girasol) presenti nei primi fenici prodotti dalla ditta.

122
Brocca in girasol con fili
Jug in girasol *with spiral trailing*
Murano, 1876, The Venice and Murano Glass and Mosaic Company Limited (Salviati & Co.)
h. cm 27 l. cm 12
Collezione Rossella Junck
Brocca globulare con collo svasato e becco tirato a punta, anello sul collo a disco svasato in cristallo con foglia oro, filo acquamarina gettato sul corpo, manico costolato in cristallo terminante con riccio ripiegato all'esterno con foglia d'oro, piede in girasol applicato con giunto in cristallo, orlo ribattuto all'ingiù.
Cfr. Museo delle Arti Industriali di Roma, n. 3058: variante con il corpo acquamarina e fili lattimo.

123
Brocca a filigrana
Jug in filigree
Murano, Salviati Dott. Antonio, 1880
h. cm 24,5 l. cm 17
Collezione Rossella Junck
Corpo a cipolla iridato composto di 32 canne di reticello azzurro a 8 fili con due canne di avventurina ritorte alternate a canne a tre fili di avventurina ritorta, 8 more in cristallo sulla circonferenza esterna, collo allungato e becco sagomato, manico a forma di drago alato con gli artigli appoggiati alla base del collo e morisa di cristallo, coda a punta di freccia attorcigliata al collo, testa in fuori con occhi di murrina gialla e nera, lingua in lattimo incamiciata di rubino. Restaurato.
Cfr. CATALOGO SALVIATI & C., n. 1114 (prezzo invariato di Fr. 25). DRAGHI DI MURANO 1997, pp. 109 - 117, nn. 40 - 44. VETRI IN TAVOLA 1998, p. 36, n. 62.

124
Brocca a decoro fenicio
Fenicio jug
Murano, Compagnia Venezia Murano, 1890

h. cm 14,5 l. cm 10
Collezione Rossella Junck
Brocca ametista, corpo sferico con largo collo e becco sagomato, manico ametista scuro costolato, sotto il bordo filo giallo a otto spire, superficie con decoro fenicio in rilievo nei colori giallo e azzurro, piede ametista scuro acidato su tutta la superficie.
Sotto il piede frammento di etichetta: «VENEZIA».

125
Vaso a decoro fenicio
Fenicio vase
Murano, Compagnia Venezia Murano, 1890
h. cm 16,5 l. cm 9
Collezione Rossella Junck
Corpo globulare allungato ametista, sulla superficie decoro fenicio a rilievo nei colori rosa e giallo, con collo terminante a calice di loto, filo giallo a spirale a 8 spire sul collo, due manici ametista scuro sotto il calice, piede ametista scuro applicato acidato su tutta la superficie.
Sotto il piede etichetta: «Murano Venezia N. 111».

126
Ciotola fenicia con manico
Fenicio handled bowl
Murano, Compagnia Venezia Murano, 1884
h. cm 9 l. cm 12
Collezione Rossella Junck
Ciotola blu con fili bianchi, verdi, turchese e lacca pettinati a decoro fenicio dalla base a metà del corpo con le punte fino al bordo, un filo giallo a 5 spire gettato sotto il bordo, manico blu ad angolo acuto percorso da fili gialli, verdi e lacca; tutta la superficie esterna e il manico sono acidati.
Il modello compare in una foto attribuibile alla Compagnia Venezia Murano, databile intorno al 1884. Si può ipotizzare che questo sia uno dei primi Fenici prodotti a Murano sulla scia dello storicismo.

127
Calice da parata a baloton
Baloton-blown presentation goblet
Murano, Salviati Dott. Antonio, 1877
h. cm. 33 l. cm. 16
Collezione privata
Calice conico fumé decorato all'esterno da una rete di canne di lattimo a losanghe in rilievo (baloton), giunti in cristallo a rocchetto, fusto formato da un nodo e da un balaustro costolati ametista, due manici fumé tra il nodo e il balaustro con morisa in lattimo, piede rialzato e bordo ribattuto all'insù.
Cfr. CATALOGO A. SALVIATI, n.5: il disegno è identico anche nel colore all'esemplare proposto con la variante del fusto ametista. SPIEGL 1980, p.171, n. 207: il pezzo corrisponde al n. 281 del CATALOGO TESTOLINI che ha però due nodi eguali nel fusto.

128
Vaso con draghi e spirale d'avventurina
Aventurine vase with dragons and spiral trailing
Murano, Fratelli Toso, 1880
h. cm 36 l. cm 20
Collezione Rossella Junck
Vaso globulare in cristallo con canna di avventurina a spirale ondulata, collo

allungato svasato e costolato con cordolo in cristallo a spirale (quattro spire), due torsi di drago in cristallo con foglia d'oro contrapposti alla base del collo, corpo e ali rigadin, lingue lattimo incamiciate di rubino, occhi di murrina gialla e nera, piede rialzato e svasato in cristallo e canna a spirale d'avventurina, orlo ribattuto all'insù. Restaurato.

Cfr. CATALOGO FRATELLI TOSO, n. 567. DRAGHI DI MURANO 1997, p. 151, n. 87: versione più tarda con il numero di catalogo 1074, analogo al pezzo presentato in BARR 1998 (ma è da escludere l'attribuzione agli Artisti Barovier). Per la tecnica della spirale di avventurina si confronti con la brocca del catalogo DRAGHI DI MURANO 1997, n. 59.

129

Vaso lucerna
Oil lamp vase
Murano, Società anonima per azioni Salviati & C., 1867
h. cm 30 l. cm 14
Collezione Rossella Junck

Vaso globulare fumé con collo svasato e morisa in cristallo e foglia oro, bordo ribattuto in fuori con foglia oro, dal corpo si dipartono tre manici a esse costolati con mora alla base e morisa con riccioli in cristallo alternati a tre becchi comunicanti con l'interno, con filo in cristallo e foglia oro sul bordo, piede rialzato con nodo ricavato dal piede, orlo ribattuto all'insù.

Di questo modello esistono diverse varianti. Cfr. CATALOGO A. SALVIATI, n. 151: differisce per il giunto, qui a rocchetto. CATALOGO TESTOLINI, n. 595: presenta il corpo ed il nodo costolati. CATALOGO C.V.M. V&A, n. 595: con quattro varianti di misura: 1/2, 1/3, 1/4, 1/5; il corpo è costolato, ma il nodo è liscio. LIEFKES 1997, p. 118 (collezione del Victoria and Albert Museum): è l'esemplare più vicino al nostro, ma differisce, oltre che per la colorazione, per la mancanza delle morise; si avvicina molto al CATALOGO SALVIATI & C. n.755, salvo per la morisa sul collo ed il nodo liscio unito al piede come il nostro. CATALOGO FRATELLI TOSO, n. 949: è analogo a quello di Salviati, ma con le more sotto i manici e due morise sul collo; il tipo è compreso tra i nn. 945 - 1014, tutti riproduzioni dall'antico. ESPOSIZIONE PARIGI 1878B, p. 340: è il terzo pezzo da sinistra in alto; va rilevato che il disegno è impreciso poiché non riporta il terzo manico e di questo vaso a due manici non si conosce nessun esempio né antico né ottocentesco (si noti anche la differenza di mano tra i disegni di sopra con quelli di sotto, decisamente più precisi e realistici).

130

Bottiglia marrone
Brown bottle
Murano, Società per Azioni Salviati & C., 1867
h. cm 24,5 l. cm 14,5
Collezione Rossella Junck

Bottiglia marrone scuro, corpo globulare con largo collo dal bordo appiattito in fuori con filo di avventurina, il corpo è diviso verticalmente da 8 morise in cristallo unite in alto da una morisa con sopra 8 more in avventurina; tre morise sul collo.

Cfr. ESPOSIZIONE PARIGI 1867A: questa è l'unica documentazione conosciuta di questo modello.

131

Coppa a macchie policrome
Polychrome mottlrd goblet
Murano, Salviati Dott. Antonio fu Bartolomeo, 1870
h. cm 12 l. cm 12

Collezione Rossella Junck

Coppa a macchie rubino avventurina acquamarina verde su smalto bianco ricoperto di cristallo; tre manici a macchie tirate ricoperte di cristallo con morisa e ricciolo dividono la coppa in tre sezioni, su ciascuna è applicato un fiore a sei petali rosa costolati e bottone giallo in forma di mora con girale composto di un filo verde incamiciato di acquamarina con due foglie costolate, giunto in cristallo e piede leggermente rialzato come la coppa con orlo ribattuto all'ingiù. Restaurato. Questo impasto cromatico è una delle invenzioni coloristiche più riuscite dell'800 muranese.

Cfr. CATALOGO SALVIATI & C., n. 692 (prezzo invariato di 15 Fr.). ESPOSIZIONE PARIGI 1878B, p. 340: una pagina di modelli della Compagnia Venezia Murano presentati all'esposizione di Parigi del 1878; la coppa è in alto a sinistra il quarto oggetto. Entrambe le fonti mostrano la coppa con due soli manici, ma differiscono nella quantità di foglie: quattro nella versione Salviati (due a metà del filo e due dopo il fiore), una sola foglia sotto il fiore nel modello Compagnia Venezia Murano. Questa è la differenza che caratterizza le due ditte separate nel 1879 da otto mesi; è quindi pensabile che il nostro modello fosse il prototipo di Salviati Dott. Antonio fu Bartolomeo poi passato nella prima società di Salviati con la versione semplificata a due anse e due girali con fiore. CATALOGO FRATELLI TOSO, n. 140: terza versione probabilmente coeva alla nostra, ulteriore variazione del tipo, con due anse, due girali con fiori a tre foglie costolate e, al posto del giunto a rocchetto, un nodo costolato.

132

Piatto a macchie policrome
Polychrome mottled plate
Murano, Società Anonima per Azioni Salviati & C., 1867
h. cm 2,5 l. cm 18
Collezione Rossella Junck

Piatto in cristallo ricoperto di macchie avventurina rubino e blu.

133

Vaso a macchie policrome
Polychrome mottled vase
Murano, Compagnia Venezia Murano, 1885
H cm 15,5 l. cm 6
Collezione Rossella Junck

Vaso a cono allungato di smalto bianco ricoperto di macchie rubino avventurina verde e blu, collo svasato con largo bordo rivoltato in fuori, due protomi leonine circolari sotto la spalla, giunto di cristallo, piede rialzato come il corpo, orlo ribattuto all'ingiù.

Cfr. CATALOGO C.V.M. V&A, n. 598. CATALOGO A. SALVIATI, n. 177: il disegno è nella versione lattimo a penne rubino, con due mascheroni allungati al posto dei leoni.

134

Vaso lucerna a macchie policrome
Polychrome mottled oil lamp vase
Murano, Salviati Dott. Antonio, 1880
h. cm 24,5 l. cm 11
Collezione de Boos-Smith

Vaso globulare, fondo di smalto bianco con macchie rubino, avventurina, acquamarina, giallo, verde, con collo svasato e bordo ribattuto all'infuori, tre manici costolati a esse in girasol tirato con macchie policrome, una mora in cristallo alla base di ciascun manico con morisa in cristallo, morisa in cristallo alla base del collo e tre beccucci costolati alternati ai manici e comunicanti

con l'interno, giunto in cristallo a rocchetto, piede rialzato come il corpo con doppia ribattitura dell'orlo all'insù. Restaurato.
Cfr. CATALOGO A. SALVIATI, n. 151: il disegno differisce solo per le more alla base dei manici e per la morisa alla base del collo.

135
Brocca di avventurina
Aventurine jug
Murano, Salviati dott. Antonio, 1880
h. cm 34 l. cm 14
Collezione Rossella Junck
Brocca in avventurina tesa incamiciata di rubino, corpo conico globulare, collo allungato e becco sagomato, manico a esse rubino trasparente e avventurina, nodo in avventurina costolato, piccolo piede rialzato con doppio orlo ribattuto all'insù. La brocca, per qualità e colore dell'avventurina e per virtuosismo tecnico, è assimilabile all'inghistera della scheda 66.

136
Vaso palma con delfino
Palm-leaf vase with dolphin
Murano, M. Q. Testolini, 1890
h. cm 25,2 l. cm 13,5
Collezione Rossella Junck
Coppa sferica verde con 14 costolature con mora in cristallo e foglia oro, base della coppa sostenuta da 8 foglie di palma in cristallo e foglia oro, giunti superiore e inferiore a rocchetto in cristallo, fusto a balaustro vuoto in cristallo con alla base arrotolato un delfino in cristallo vuoto e foglia oro poggiante con la testa su di una morisa acquamarina, occhi di murrina gialla e nera, piede rialzato come la coppa, orlo ribattuto all'ingiù.
Cfr. CATALOGO TESTOLINI, n. 1358.

137
Alzata verde con drago
Green fruit-stand with dragon
Murano, Vittorio Zuffi, 1890
h. cm 22,7 l. cm 11
Collezione Rossella Junck
Coppa verde e foglia oro a pianta circolare con bordi quadrati, giunti superiore ed inferiore a rocchetto in cristallo, drago rampante poggiante con la coda su di una morisa con le ali lobate in cristallo e foglia oro, occhi a goccia blu, piede rialzato come la coppa.

138
Vaso ametista
Amethyst vase
Murano, M. Q. Testolini, 1885
h. cm 17 l. cm 12,5
Collezione Rossella Junck
Vaso ametista chiaro iridato a forma di clessidra, mezza stampatura sul fondo, filo in girasol a 4 spire gettato sotto il bordo e sopra la stampatura, tre piedini a cipolla in cristallo vuoti e costolati.
Cfr. DISEGNI TESTOLINI, n. 376.

139
Calice da parata ametista
Ametyst presentation goblet

Murano, Fratelli Toso, 1900
h. cm 22,4 l. cm 14
Collezione Rossella Junck
Coppa emisferica ametista con 12 cordoli in girasol a raggiera, giunto a rocchetto ametista, nodo costolato ametista con foglia oro, con due mandorle in cristallo e foglia oro con al centro due more, fusto a balaustro vuoto ametista, piede rialzato ametista. Restaurato.
Cfr. CATALOGO FRATELLI TOSO, n. 1005.

140
Alzata acquamarina con delfini
Aquamarine fruit-bowl with dolphins
Murano, G. Salviati, 1899
h. cm 31 l. cm 22
Collezione Rossella Junck
Coppa acquamarina e foglia oro a baloton a forma di conchiglia con le estremità tirate e larghe costolature, bordo a piccole punte tirate, giunti a rocchetto in cristallo, fusto in cristallo formato da un balaustro costolato con alla base due delfini costolati in cristallo poggiati con la testa su di una morisa in cristallo, occhi di murrina gialla e nera, piede rialzato acquamarina con foglia oro baloton e orlo ribattuto all'ingiù.
Cfr. CATALOGO SALVIATI & C., n. 1539.

141
Calice a conchiglia con delfino e cavallo marino alato
Stemmed shell-shaped vase with dolphin and winged sea-horse
Murano, Salviati & C., 1890
h. cm 30,5 l. cm 16
Collezione Rossella Junck
Coppa in girasol a forma di conchiglia con estremità allungata, sull'altra estremità un torso di cavallo alato con zampe terminanti in pinne, corpo in cristallo vuoto e foglia oro, criniera e ali costolate a polveri verdi e foglia oro, giunti a rocchetto in cristallo, fusto composto da un delfino in cristallo a polveri rubino e foglia oro poggiante con la testa su di una morisa in cristallo, coda arrotolata, occhi di murrina gialla e nera, piede rialzato e costolato in girasol e foglia oro, orlo ribattuto all'insù. Restaurato. La colorazione a polveri la fattura e la tipologia fanno propendere per l'attribuzione alla ditta Salviati & C.

142
Coppa in avventurina con colature
Goblet in aventurine with trickle effect
Murano, C. V. M., 1890
h. cm 20 l. cm 20
Collezione Rossella Junck
Coppa tronco conica rovesciata in avventurina tesa con colature che scendono dall'orlo in cristallo con foglia oro, due manici in cristallo a polveri ametista con morise interrotte da asole e ricciolo, nodo costolato in avventurina ricoperto di cristallo con cinque more in cristallo, piede come la coppa leggermente rialzato orlo ribattuto all'ingiù. Restaurato.
Cfr. CATALOGO C.V.M. n. 329: diverso solo per l'assenza delle colature, presenti però in DISEGNI C.V.M., n. 44: un disegno di fornace che ha le stesse dimensioni del pezzo proposto. CATALOGO VITTORIO ZUFFI, n. 182: si tratta di un esemplare analogo ma di ridotte dimensioni.

143
Bottiglia a macchie

Bluino-*mottled bottle*
Murano, Società per Azioni Salviati & C., 1867
h. cm 30 l. cm 14
Collezione Rossella Junck
Bottiglia fumé a macchie bluino e fili lattimo gettati irregolarmente e foglia oro inclusa nel vetro, corpo sferico schiacciato, collo leggermente svasato con cordolo in cristallo e foglia oro a tre spire, piede ricavato dalla base, tappo vuoto a pinnacolo come la bottiglia con un cordolo in cristallo e foglia oro a tre spire.
Cfr. MUNDT 1973, n 150: si noti il cordolo sul collo che accomuna le due bottiglie; questo elemento non comparirà in nessuno dei modelli di bottiglia pubblicato successivamente alla divisione tra la Salviati e la Compagnia Venezia Murano.

144
Calice da parata fumé
Presentation goblet in fumé
Murano, Compagnia Venezia Murano, 1890
h. cm 30 l. cm 12,5
Collezione Rossella Junck
Calice da parata fumé soffiato leggerissimo, bevante a bulbo con ampia bocca svasata, ai lati due catenelle con archetti esterni delimitati da due asole in fumé e foglia oro realizzato con un solo filo, fusto vuoto a sei nodi rigadin, piede fumé quasi piatto. Restaurato.
Cfr. CATALOGO C.V.M., n. 144. BAROVIER MENTASTI 1982, p. 113, n. 98: il calice a destra è il modello seicentesco dal quale questo deriva.

145
Calice da parata fumé
Presentation goblet in fumé
Murano, Vittorio Zuffi, 1880
h. cm 24,5 l. cm 9,5
Collezione Rossella Junck
Calice virtuosistico: bevante fumé a bulbo allargantesi a tulipano con 8 punte tirate e 9 fili gettati sotto il bordo, fusto fumé formato da due doppi archetti rigadin incrociati e sovrapposti con quattro morise sui bordi esterni, giunto tubolare con a metà un gonnellino con 6 capete pinzate, piede fumé leggermente rialzato con orlo ribattuto all'insù.
Cfr. CATALOGO VITTORIO ZUFFI, n. 2177. CATALOGO SALVIATI & C., n. 587: corrisponde al modello proposto, ma il bordo ha più ondulazioni e manca gonnellino.

146
Alzata verde acqua
Water-green fruit-stand
Murano, Fratelli Toso, 1890
h. cm 16,5 l. cm 20
Collezione Rossella Junck
Coppa sagomata verde acqua con 8 punte tirate, giunto a rocchetto, fusto a balaustro vuoto con due manici e morise a capete pinzate, piede piatto.

147
Campionario conterie
Sample-book of beads
Murano, Società Veneziana Conterie, inizio 1900

Collezione Giovanni Sarpellon
Ogni cartella: h. cm 25 l. cm 19,7
Contenitore in cartone ricoperto di carta marrone a due pagine su cui sono incollate all'interno due cartelle con la scritta «Fol I. CARD D/B», «Fol. II CARD D/B»; ogni cartella contiene tre file di perle a barilotto di differenti misure e colori numerate dal n. 162 al n. 197 e dal n. 248 al n. 294.

148
Composizione di perle
Composition of beads
Murano, Domenico Bussolin, 1842
Libro con cofanetto: h. cm 3,2 largh. cm 15,2 lungh. cm 10,2
Collezione Giovanni Sarpellon
Libretto con contenitore in un cofanetto rilegato in carta verde zigrinata, copertina in carta arancione moiré, testo di 88 pagine: Domenico Bussolin, *Guida alle fabbriche vetrarie di Murano* (1842). Due comparti finali contengono due composizioni di perle: a sinistra una raggiera ovale di perle finissime (80 file) con al centro una piastrina quadrata color lapis circondata di raggi di perline rosa, verde, corallo; a destra un centro come la precedente e una raggiera ovale di 12 file di perle di differenti forme, tecniche e colori alternate da file di perline e di perle lunghe.

149
Rosario di perle con medaglia di Papa Gregorio XVI
Rosary with medal of Pope Gregory XVI
Murano, manifattura non identificata, 1832
l. cm 98
Collezione Gianni Moretti
Montatura in filo di rame con 48 perle di vetro e 3 di terracotta, con medaglia d'argento con l'effigie di Gregorio XVI e l'iscrizione «Gregorius XVI Pont. Max. A-II 1832», sulla faccia opposta un san Romualdo in preghiera inginocchiato davanti ad un altare di sassi con sopra un teschio, appoggiato all'altare un bordone da pellegrino, dietro il santo un albero frondoso, e l'iscrizione «S. Romualdus AB-CAMAL RAI-R-50».
Il rosario è composto da sei perle bianche, tre con palmette rosa e blu, una con coppie di foglie gialle, una con fili di ametista alternati a palmette azzurre, una completamente bianca, una piccola perla a barilotto bianca a canne verticali verdi e rosa, una a canne rosa e blu, una sferica a fili rosa e fascia nera centrale, una blu sfaccettata a losanghe, una sferica azzurra, due piccole azzurre a barilotto, due a profonde costolature (a melone), 32 perle sferiche azzurre con fiore a tre petali (due gialli, uno rosa centrale); completano il rosario tre perle testa di moro in terracotta.

150
Bottiglietta verde a lume
Small green lamp-work bottle
Murano, manifattura non identificata, 1880-1900.
h. cm 3,7 l. cm 3
Collezione Giovanni Sarpellon
Corpo sferico verde scuro, collo allungato, tappo in sughero con catenella agganciata alla base del collo, fascia in foglia oro bordata di turchese con fiori verde e blu incorniciata da un filo ondulato rosa.

151
Pomolo a pendaglio per mobile
Pendant furniture handle

Murano, 1890
h. cm 11,5 l. cm 3
Collezione Gianni Moretti
Pendaglio snodabile in ferro e vetro, modanatura a scudo circolare con lunga
vite e bullone sul retro, staffa mobile su cui si innesta una perla nera con tre
fasce d'avventurina e due fili ondulati rosa con motivo decorativo blu e bianco su ogni seno dell'onda, al disotto si innesta un pinnacolo sagomato in
ferro.

152
Vaso ambra con serpente marino
Amber vase with sea serpent
Murano, Salviati Dott. Antonio, 1885
h. cm 33,8 l. cm 15
Collezione Scirè
Vaso ambra con foglia oro baloton, corpo conico con breve collo, due manici
ad angolo retto in cristallo e foglia oro, dalla base un serpente dal muso di
cavallo in cristallo e polveri rubino (parte superiore del corpo e la testa),
corpo rigadin ritorto con cresta che va dalla testa alla coda a pinna tripartita,
occhi a murrina gialla e nera lingua in lattimo incamiciata di rubino, piede
rialzato ambra con foglia oro baloton, orlo ribattuto all'insù. Restaurato.
Cfr. CATALOGO SALVIATI & C., n. 1200 (Fr. 30, poi Fr. 25).

153
Due flaconi a macchie policrome
Two polychrome splashed phials
Murano, manifattura non identificata, 1850-1900
h. cm 8,5 l. cm 6,5; 10; 8
Collezione Rossella Junck
Boccetta tonda in cristallo con macchie policrome giallo, avventurina, lattimo, rubino, tappo in rame dorato, testa decorata con foglie stilizzate incise,
catenella ai lati del tappo.
Porta profumo sferico acquamarina a macchie verdi, lattimo, lacca e giallo
con foglia oro sulla superficie, piede ricavato dal corpo, coperchio in metallo
sbalzato con all'interno tappo in sughero con perla ovale gialla, blu, avventurina. Traccia di etichetta ovale sotto il piede.

154
Cinque bottigliette screziate
Five small flecked bottles
Murano, manifattura non identificata, 1850-1900.
h. cm 7 l. cm 4,7; 3,5; 7,5; 4,7; 4,8; 3
Collezione Rossella Junck
Boccette a lume di forma circolare e allungata con vetro mélange decorato
con foglia oro e argento, avventurina, rubino; tappo in metallo dorato e inci-
so con decori floreali, catenina di piccole sfere con anello per appenderle
all'abito o alla cintura, tappo in sughero decorato da una perla o in vetro
sagomato.
Cfr. MURRINE E MILLEFIORI 1998, p. 67, nn. 37-39: con incluse murrine figurate.
Nell'archivio dei Fratelli Toso si è trovato un foglio (nell'album «Fratelli Toso
/ Album Disegni / N. 2» dei primissimi anni del '900) con due di queste bottigliette corrispondenti esattamente agli esemplari presentati.

155
Alzata con serpenti alati
Fruit-stand with winged serpents

Murano, Salviati Dott. Antonio, 1885
h. cm 25,5 l. cm 22
Collezione Rossella Junck
Coppa in cristallo a polveri giallo e rubino con foglia oro a forma di cono con
una fila di capette in cristallo pinzate a metà della circonferenza, largo bordo
svasato ondulato, giunto a rocchetto in cristallo, nodo in cristallo vuoto e
costolato, fusto a balaustro vuoto con foglia oro, due serpenti in cristallo rigadin segmentato con ali costolate e teste a polveri rubino (uno) e acquamarina
(l'altro), code intrecciate alla base del fusto, occhi di murrina gialla e nera,
alto piede come la coppa con orlo ribattuto all'ingiù. Restaurato.
Cfr. CATALOGO SALVIATI & C., n. 1423.

156
Alzatina con cigno
Small fruit-stand with swan
Murano, Fratelli Toso, 1885
h. cm 15 l. cm 16,5
Collezione Rossella Junck
Coppa ovale rigadin ritorto con pieghe irregolari sul bordo e foglia oro, su di
una estremità un cigno in cristallo con ali lobate e occhi di murrina gialla e
nera, giunto a rocchetto in cristallo, piede rialzato in cristallo a polveri acqua-
marina e foglia oro, orlo ribattuto all'ingiù.
Cfr. CATALOGO FRATELLI TOSO, n. 1282.

157
Coppa da parata in girasol
Presentation goblet in girasol
Murano, M. Q. Testolini, 1885
h. cm 23, 5 l. cm 14
Collezione Rossella Junck
Coppa in girasol con foglia oro a cupola appuntita con largo collo svasato,
due manici a doppia asola con morisa in cristallo con foglia oro; il corpo è
diviso in due parti da tre fili in cristallo con 12 more in cristallo nella parte
superiore e 12 in quella inferiore disposte una sopra l'altra, giunto a balaustro
vuoto in cristallo con foglia oro e sovrapposto nodo costolato con 4 mandorle con teste di putti, piede appiattito in girasol con foglia oro, orlo ribattuto
all'ingiù.
Cfr. CATALOGO TESTOLINI, n. 1349.
I due modelli non compaiono nei cataloghi Salviati. In quelli Fratelli Toso e
Testolini si differenziano unicamente per la disposizione delle more: alternate nel primo, sovrapposte nel secondo. Questa differenza è spiegabile per l'e-
sigenza delle vetrerie che producevano gli stessi modelli di differenziarsi
anche solo per piccoli particolari, come in questo caso.
Cfr. BARR 1998, sovraccoperta (pezzo centrale) e p. 101: nessuna delle attribu-
zioni proposte è corretta, per le ragioni di cui sopra.

158
Coppa da parata verde
Green presentation goblet
Murano, Fratelli Toso, 1885
h. cm 23,5 l. cm 14
Collezione Rossella Junck
Coppa verde con foglia oro a cupola appuntita con largo collo svasato, due
manici a doppia asola con morisa in cristallo con foglia oro; il corpo è diviso
in due parti da tre fili in cristallo con 12 more in cristallo nella parte superio-
re e 12 in quella inferiore disposte alternate, giunto a balaustro vuoto in cri-

stallo con foglia oro e sovrapposto nodo costolato con 4 mandorle con teste di putti, piede appiattito verde con foglia oro, orlo ribattuto all'ingiù.
Cfr. CATALOGO FRATELLI TOSO, n. 394.

159
Brocca e due bicchieri con decoro a merletto
Jug and two glasses with lacework decoration
Murano, Salviati Dott. Antonio, 1885
Brocca: h. cm 40 l. cm 14; bicchieri h. cm 19 l. cm 5
Collezione Rossella Junck
Brocca in cristallo, corpo conico globulare con lungo collo e becco trilobato con orlo ribattuto in fuori, ampio manico a esse in cristallo vuoto con morisa e ricciolo con foglia oro, un cordolo in cristallo schiacciato e tratteggiato gettato dalla base in 10 spire e fino alla base del collo decoro a mano libera di merletto a smalto bianco (non a tampone) di fiori e rami inseriti nella trina, nodo in cristallo costolato vuoto con foglia oro, piede rialzato con decoro a merletto come il corpo senza fiori, orlo ribattuto all'ingiù; sotto il piede vi è la scritta a smalto nero: Salviati 295/20 1320 (probabile numero del CATALOGO SALVIATI & C. che riporta i nn. 1318 e 1321 ma non il 1320).
Due bicchieri conici in cristallo decorati a merletto di smalto bianco come la brocca, piede rialzato con orlo ribattuto all'ingiù e firma Salviati sotto il piede. Alessandro Cori ha presentato vasi a smalto imitanti pizzi nel 1887 in una esposizione a Venezia; una copiosa produzione di vetri per lo più blu o granata, decorati a smalto con motivo a merletto eseguita a tampone è documentata nel Novecento.
Cfr. Museo delle Arti Industriali di Roma, n. 3059, entrato nel 1876: è un calice acquamarina di foggia quattrocentesca con un decoro sulla coppa e sul piede in smalto bianco simile a questo.

160
Vaso ametista a fruste
Amethyst vase with internal trailing
Murano, Fratelli Barovier, 1885
h. cm 13 l. cm 10,5
Collezione Rossella Junck
Vaso globulare rastremato verso l'alto con collo cilindrico in ametista trasparente iridato percorso da fili irregolari in girasol, filo in girasol sul collo e al disopra 6 gocce allungate in cristallo e foglia oro, zembla sotto la base in cristallo, il vaso è sollevato da terra da tre piedi a ricciolo in cristallo e foglia oro costolati.
La particolarità della forma e la decorazione fanno di questo vaso un antesignano dello stile floreale.
Il modello deriva dal CATALOGO SALVIATI & C., n. 690.

161
Vaso iridato a fili granata
Iridescent vase with cane trailing
Murano, prob. Fratelli Toso, 1900 ca.
h. cm 18,8 l. cm 16
Collezione Rossella Junck
Vaso in cristallo a base sferica che si restringe per poi allargarsi col bordo svasato, filo granata sul bordo, al disotto due fili paralleli e uno a spirale; dallo stacco partono 12 fili a raggiera che incrociano un filo a spirale; tutta la superficie è iridata.
Questo esemplare emblematico può ben dirsi l'antenato dei soffiati che prenderanno piede negli anni Venti e Trenta del Novecento, ma che sono prece-

duti da una miriade di forme sperimentali ad opera soprattutto dei Fratelli Toso, fino ad oggi quasi completamente sconosciute, a cui forse si rifaranno poi Vittorio Zecchin e Carlo Scarpa nonché Giacomo Cappellin per introdurre lo stile déco nel vetro di Murano del Novecento.

Fotografie e disegni tratti dai cataloghi dell'epoca
Per ordinare le immagini e renderne leggibile il maggior numero di particolari
è stato necessario modificare, caso per caso, il rapporto di riduzione rispetto agli originali

Photographs and drawings from contemporary catalogues
In order to present the illustrations in a logical sequence and to ensure that the greatest number of details remain legible,
the illustrations have been reproduced at different scales

Cat. C.V.M. n. 44	Cat. C.V.M. n. 144	Cat. C.V.M. n. 1543		Cat. A. Salviati, n. 99
Cat. A. Salviati n. 102	Cat. A. Salviati n. 136	Cat. A. Salviati n. 177	Cat. A. Salviati n. 60	Catalogo A. Salviati, n. 181
Catalogo A. Salviati, n. 207	Catalogo A. Salviati, n. 208	Catalogo A. Salviati, n. 268	Catalogo Salviati & C., n. 215	Catalogo Salviati & C., n. 254
Catalogo Salviati & C., n. 799	Catalogo Salviati & C., n. 877	Catalogo Salviati & C., n. 1051	Catalogo Salviati & C., n. 1085	Catalogo Salviati & C., n. 1099

Catalogo Salviati & C., n. 1103

Catalogo Salviati & C., n. 1106

Catalogo Salviati & C., n. 1114a

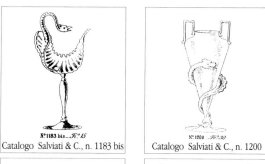

Catalogo Salviati & C., n. 1183 bis

Catalogo Salviati & C., n. 1200

Catalogo Salviati & C., n. 1327

Cat. A. Salviati n. 136

Catalogo Salviati & C., n. 1347

Catalogo Salviati & C., n. 1423

Catalogo Salviati & C., n. 1539

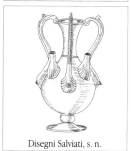

Disegni Salviati, s. n.

Disegni Salviati, s. n.

Disegni Salviati, n. 5

Disegni Salviati, n. 1106

Salviati Esposizione Parigi 1867

Salviati Esposizione Parigi 1867

Catalogo Testolini, n. 781

Disegni Salviati, n. 205

Catalogo Testolini, n. 1349

Catalogo Testolini, n. 1538

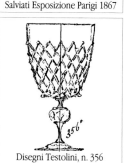

Disegni Testolini, n. 356

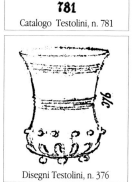

Disegni Testolini, n. 376

Disegni Testolini, n. 460

Disegni Testolini, n. 590

1071
Cat. Fratelli Toso, n. 1071

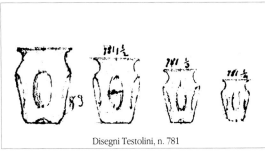

Disegni Testolini, n. 781

1005
Cat. Fratelli Toso, n. 1005

Cat. Fratelli Toso, n. 2564

57
Cat. Fratelli Toso, n. 57

1384
Cat. Fratelli Toso, n. 1384

R. W. Edis, *Decoration & Furniture of Townhouses*, London, 1881, Plate 26

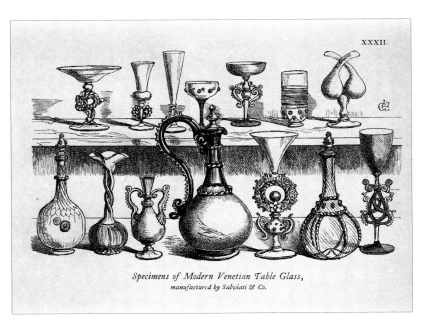

C. l. Eastlake, *Hints on Household Taste*, London, 1868, Plate 32

199

The Art Journal. *Illustrated Catalogue of the Paris International Exhibition 1878*, p. 192

The Art Journal. *Illustrated Catalogue of the Paris International Exhibition 1878*, p. 126

R. W. Edis, *Decoration & Furniture of Townhouses*, London, 1881, Plate 25

201

VENETIAN GLASS-BLOWING.

DR. SALVIATI having fully succeeded in reviving the noble decorative Art of Enamel-Mosaic, turned his attention to the above ancient Art, specimens of which enrich nearly every Museum or Collection of Art Antiquities, and by the kind assistance of many noble patrons of the Arts, he has happily succeeded in bringing it to a state equal to, and, in some cases, almost excelling the old, judging from the many favorable criticisms of the public Press, as well as individuals, from amongst which, without any further remarks of his own, he takes the liberty to quote the following remarks

From "THE TIMES" of October 19th, 1866.

THE GLASS-WORKERS OF MURANO.

" Nearly due North of Venice there lies among the lagunes a certain island called Murano, containing a Cathedral and a few remnants of lovely architecture, which call to mind the better days when there was life in the land—if land it can be called—and money was not so hard to come by as at present. Little by little the population has dwindled down until it is now about half what it used to be. But Murano grows a race of men who seem to have a great future before them yet,—the descendants of the old Venetian glass-workers. Though the hard times which have been the lot of Venice caused the chief processes to be forgotten, and drove the workmen to seek subsistence by the production of common-place material for everyday use in hotels and taverns, yet their right hands did not quite forget their cunning, nor was the love of form and colour quite banished from their minds. They worked on always patiently hoping that some day or other Venice would awake from her lethargy and retake her position as an enterprising merchant city. According to many well-informed people here, that time is almost come, but Murano has already made a step in advance, having in a few years discovered, by the study of one of her workmen, Lorenzo Radi, many if not all of the lost secrets, and having found in Dr. Salvinti the energy, love of art, and patriotism necessary to carry out the idea suggested by the revival of the ancient processes.

" The old Venetian glass was what is commonly called blown, but the name gives a very small idea of the manufacture. Glass has certain characteristics which give it its true beauty and value for art purposes, and though you may neglect these and force it to take forms utterly foreign to its nature, you are producing not works of art but monstrosities. This is not the place to prove the truth of the above position, which is, I believe, sufficiently acknowledged in England at present. Whatever glass may be it is in its natural state not crystalline, so that nature is outraged when we grind it into sharp angular forms that belong rather to other materials. The old Venetian glass was light, bright, vitreous in appearance, and stained with the richest possible colours, and all these qualities are retained in the newly revived manufacture at Murano. There is one more strong point in favour of glass blown and worked over than moulded—viz., that every individual piece is an original work of human art, and as it is almost impossible that any two should be exactly alike unless their form is very simple indeed ; the buyer chooses according to his fancy, and is sure that no one else possesses a piece of exactly the same size and shape. In the manufacture of the ordinary cut glass, *minium* (red lead) is frequently added to increase its brightness, but this destroys at once the characteristic lightness, and causing it to cool more rapidly, quite prevents the possibility of working it in the proper ductile and malleable condition. The Murano material is worked as the ancient Venetian glass made on the same island used to be, and all the old methods have been discovered, or at least the same effects have been produced. The *fiamma*, perhaps more strange than beautiful, the *millefiore*, the *smelze*, including perfect imitations of agates, chalcedons, lapis lazuli, &c., for mosaic, the aqua marina, rich ruby colours, the brilliant *avventurina*, all are here, and many other kinds of work, some of which are imitations of the old glass, and some new inventions.

" But when all the secrets are brought to light and the men practised in their manufacture, only the first step of the ladder has been mounted, for the great value of the work lies in the amount of artistic feeling and knowledge that can be put into the construction of each individual piece turned out of the hand of the workman, or artist, as he deserves to be called. It is said that years of practice are required before a man can make a good horse-shoe, yet iron may be put again and again into the fire, and only alters its shape under the hammer, whereas glass heated to a working condition is so soft that the labour expended upon one heating will be undone in the next unless the greatest care be taken. The nearest approach that I know to the difficulty of the process is making a water-colour sketch on a rainy windy day in Scotland, when the left hand has to manage an umbrella while the right is at work, and the mind selecting combinations of colour and guiding both the instruments under its orders. Take for instance the manufacture of a wine glass of one of the simplest forms turned out at the Murano works, or studio, as the room deserves to be called.

" The tools used are a hollow reed of iron, a few instruments like shears of different sizes, and a stamp with a strawberry-shaped die. The end of the rod is dipped into molten glass of, say, ruby colour, and a portion accumulated on its end. If too much or too little is taken, the wine-glass will not be of the right size, and if the metal, as it is called, is not of the right temperature, the colour will be too dark or too light. The lump is rolled on a table into symmetry and heated again. A few turns of the rod and a breath or two through it, and a hollow ball appears at the end. One extra puff of the breath and the bowl would be too large and too thin. A boy brings up a small portion of white glass which he has picked out of another reservoir and blown hollow. This must be so hot as almost to drop off the rod, and must be ready at the exact moment. He touches the bowl with it, and the two adhere like sealing-wax. A pull asunder and one dexterous twist forms the delicate stem of the wine glass, upon which three little lumps of glass are then stuck and stamped as strawberries, and the whole is again introduced into the furnace, where it would instantly droop out of shape but for the deft manipulation it undergoes. By the time it is heated the boy is ready with another

globe of glass, perhaps of a different colour, which he causes to adhere to the bottom of the stem. The man spins it round between his shears, nipping part of it almost off, and thus gaining the right quantity of metal for the foot, no less and no more. One tap on an iron ledge breaks off the superfluous piece, and leaves a small hole at the point of fracture. Once more the action of fire is called in to soften the brittle material, and when the pear-shaped end comes out the points of the closed shears are introduced to widen the opening into a cup-like form. A small lump of *avventurino* is by this time on the end of the boy's rod, melted, and only saved from dropping by his dexterity. One touch and it adheres to the edge of the cup just formed. He pulls it out, and winds it round, adhering as it goes to the edge. Again the fire does its duty, and then the artist finishes the form of the foot, detaching immediately the bulb at the top from his hollow rod. Another rod, with a molten piece of glass, is prepared for him by the boy's ready co-operation, and is pressed against the centre of the foot, to which it adheres. Into the fire goes the whole piece, and when withdrawn the bowl of the glass is partly shaped by the shears, *avventurino* wound round the edge as before with the foot, a last heat, and with artistic care the delicate crocus-like bowl, which is some day to contain the sparkling wine, is completed. During all these processes (and I have forgotten the *avoli*, or small circular piece which hides the junction of the bowl and stem) the glass is drooping and twisting out of shape every time it is put in the furnace, so that great care is required to retain the form. The finished glass is then put into an annealing oven, where it remains cooling very slowly till next morning. The student of art knows how difficult it is to draw accurately and delicately a graceful form which he has all the firmness of paper, block, and pencil or chalk to work with; but the glass-worker has to shape his forms out of yielding paste at the greatest speed, lest it should cool so far as to deprive him of the power to make an impression. Yet the artist at Salviati's works will put an old Venetian glass before him and copy it almost without fail; not without much previous study and patient labour, as may be supposed. It must not be imagined, however, that they are mere copyists. The *maestro* allows them two hours every day to be spent in designing new forms of beauty and colour combinations, nor does he consider the time wasted; for his object is not to turn out the greatest possible quantity of manufactured goods, but to train up a school of real art workmen in the material which their ancestors caused to become so famous. The mutual helpfulness of the men is beyond all praise. When a new idea is started by one of them, or even by a stranger who may be looking on, all are interested. Be it a vase or any other shape, there is no doubt as to who is the man for that particular work; nor who is to help him at first. As the form grows, grave faces, begin to surround the chief artist for the moment, and many dark eyes kindle with eager interest in his success. Strangely silent generally at their work, they are equally so now, except that a hint is perhaps given hardly above the breath, and a warning voice sometimes raised or a hand stretched out to avert a catastrophe, for thin streams of melted glass are difficult to control and lead to an accurate and successful result Though each has his speciality, all understand the details and are trained to appreciate beautiful form, and in their simple economy the success of one is the gain of all. 'If not yet a master, am I not also a worker in glass?' Even to a stranger scarcely acquainted with the methods in use, this workship is positively fascinating, and no wonder that the good doctor sometimes forgets his dinner in the excitement of suggesting or observing new creations springing from the trained minds and skilful hands of his men.

"One vase, not by any means on the most elaborate pattern, required the labour of three pairs of hands, and cost half an hour, during which it went 35 times into the furnace. The *fiamma* is made thus:—Upon the lump hollowed and rolled which is to form the body of the vase or bottle, a strip of *avventurino* or whatever is to form the flames, which remind one so much of the *auto da fe* garments. is wound spirally, and the whole heated. While still in the furnace, and before the fusion has gone very far, a sharp edge is drawn across the twist in several places, so that there are ridges and furrows both longitudinally and across the mass which is gradually becoming one piece. On coming out of the fire it is subjected to a twisting process besides those necessary for obtaining the correct form. The beautiful striped patterns are very simply made. For a goblet of ruby and the golden-hued *avventurino* for instance, a number of rods of the two colours are laid side by side alternately on a sort of shovel, and introduced into the furnace. As they melt they begin to adhere together, and the workman with a piece of half-molten metal on the end of his rod, presses upon the end of the first, and then turning round the hollow rod, winds them all up, so that they come together into the form of a cylinder, the end of which is fixed to the handle that is to control them during subsequent operations.

"These grave, steady workmen, with their fine heads, aquiline features, and deep bright eyes, are the nucleus of an army that will win much fame for their country, if I am not much mistaken, for it is evident they are a united band, with full confidence in their leader, who makes their interests his. The burden of administration both in the mosaic and the glass-works is becoming too much for his shoulders to bear, and as the former are settled on a permanent footing, with many large and important commissions to execute, especially in England and at Aix-la-Chapelle, he is about to form an Anglo-Italian Company to carry them on, so that he may have more leisure to devote to the glass-works. A great future seems to be before this branch of art. By a combination of transparent glass and hard opaque enamel, with the power given by gold that will not wear off, and coloured pieces that never fade, he hopes to extend his borders and to make cabinets, frames for pictures, mirrors, mantelpieces, mouldings of all sorts, and a thousand things which will suggest themselves to everybody.

"The Murano workmen have naturally the eye for colour which is so necessary in this work, and they claim besides for their climate a colour-brightening power, saying that such richness cannot be obtained elsewhere. There may be some truth in this, for we all know how necessary sunlight is, and what a difference it makes whether wine is bottled on a bright or dull day. The warm temperature undoubtedly assists the glass to remain in its plastic state sufficiently long for the artist to impress upon it the required forms, and besides all the traditions of the place point to this material, and the extension, and consequent cheapening, of the production as a means of future fame and profit."

N.B.—Any of the following designs may be had in almost any colour besides those represented, on stating the number of the design, and the colour required.

Many very beautiful reproductions of antique glass have been omitted, as it is impossible on so small a scale to represent adequately the delicate designs and colours, which should be seen to be understood.

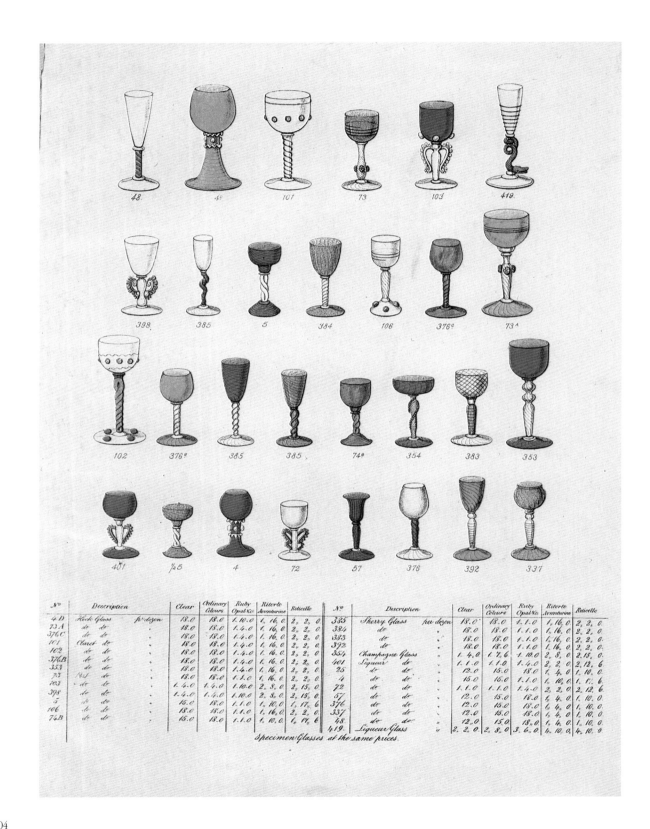

Nº	Description		Clear	Ordinary Colours	Ruby Opal &c	Riterle Aventurine	Reticello
4 D	Hock Glass	pr dozen	18.0	18.0	1.10.0	1, 16, 0	2, 2, 0
73 A	do do		18.0	18.0	1.4.0	1, 16, 0	2, 2, 0
376 C	do do		18.0	18.0	1.4.0	1, 16, 0	2, 2, 0
101	Claret do		18.0	18.0	1.4.0	1, 16, 0	2, 2, 0
102	do do		18.0	18.0	1.4.0	1, 16, 0	2, 2, 0
376B	do do		18.0	18.0	1.4.0	1, 16, 0	2, 2, 0
353	do do		18.0	18.0	1.4.0	1, 16, 0	2, 2, 0
73	do do		18.0	18.0	1.1.0	1, 16, 0	2, 2, 0
103	do do		1.4.0	1.4.0	1.10.0	2, 8, 0	2, 15, 0
398	do do		1.4.0	1.4.0	1.10.0	2, 8, 0	2, 15, 0
5	do do		15.0	18.0	1.1.0	1, 10, 0	1, 17, 6
106	do do		18.0	18.0	1.1.0	1, 16, 0	2, 2, 0
74B	do do		15.0	18.0	1.1.0	1, 10, 0	1, 17, 6

Nº	Description		Clear	Ordinary Colours	Ruby Opal &c	Riterle Aventurine	Reticello
385	Sherry Glass	per dozen	18.0	18.0	1.1.0	1, 16, 0	2, 2, 0
384	do		18.0	18.0	1.1.0	1, 16, 0	2, 2, 0
383	do		18.0	18.0	1.1.0	1, 16, 0	2, 2, 0
392	do		18.0	18.0	1.1.0	1, 16, 0	2, 2, 0
354	Champagne Glass		1.4.0	1.7.6	1.10.0	2, 8, 0	2.15, 0
401	Liqueur do		1.1.0	1.1.0	1.4.0	2, 2, 0	2, 12, 6
25	do do		12.0	15.0	18.0	1, 4, 0	1, 10, 0
4	do do		15.0	1.1.0	1.1.0	1, 10, 0	1, 1?, 6
72	do do		1.1.0	1.1.0	1.4.0	2, 2, 0	2, 12, 6
57	do do		12.0	15.0	18.0	1, 4, 0	1, 10, 0
376	do do		12.0	15.0	18.0	1, 4, 0	1, 10, 0
337	do do		12.0	15.0	18.0	1, 4, 0	1, 10, 0
48.							1, 10, 0
419.	Liqueur Glass		2. 2. 0	2. 8. 0	3. 6. 0	4, 10, 0	4, 10, 0

Specimen Glasses at the same prices.

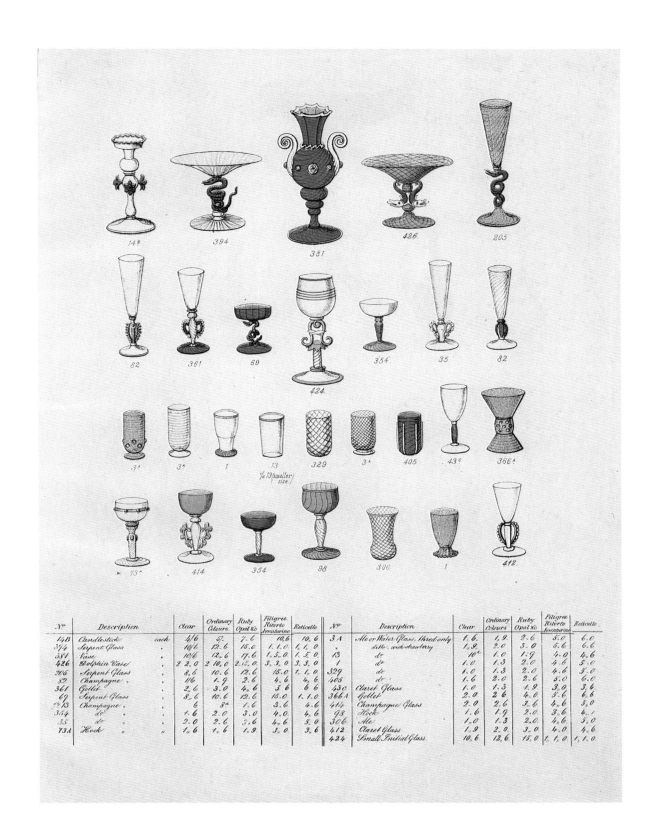

No	Description		Clear	Ordinary Colours	Ruby Opal &c	Filigree Riterto Aventurine	Reticello	No	Description	Clear	Ordinary Colours	Ruby Opal &c	Filigree Riterto Aventurine	Reticello
14B	Candlestick	each	4/6	5/	7.6	10.6	10.6	3 A	Ale or Water Glass, thred only	1.6	1.9	2.6	5.0	6.0
394	Serpent Glass	"	10/6	12.6	15.0	1.1.0	1.1.0	"	ditto, with strawberry	1.9	2.0	3.0	5.6	6.6
381	Vase	"	10/6	12.6	17.6	1.5.0	1.5.0	13	do	10d	1.0	1.9	4.0	4.6
426	Dolphin Vase	"	2.2.0	2.10.0	2.15.0	3.3.0	3.3.0	1	do	1.0	1.3	2.0	4.6	5.0
205	Serpent Glass	"	8.6	10.6	12.6	15.0	1.1.0	329	do	1.6	1.3	2.6	4.6	5.0
82	Champagne	"	1/6	1.9	2.6	4.6	4.6	405	do	1.6	2.0	2.6	5.0	6.0
361	Goblet	"	2.6	3.0	4.6	5.6	6.6	43C	Claret Glass	1.0	1.3	1.9	3.0	3.6
69	Serpent Glass	"	8.6	10.6	12.6	15.0	1.1.0	366 A	Goblet	2.0	2.6	4.0	5.6	6.6
13	Champagne	"	.6	8d	1.6	3.6	4.6	414	Champagne Glass	2.0	2.6	3.6	4.6	5.0
354	do	"	1.6	2.0	4.0	4.6	4.6	98	Hock	1.6	1.9	2.0	3.6	4.6
35	do	"	2.0	2.6	3.6	4.6	5.0	306	Ale	1.0	1.3	2.0	4.6	5.0
73A	Hock	"	1.6	1.6	1.9	3.0	3.6	412	Claret Glass	1.9	2.0	3.0	4.0	4.6
								424	Small Initial Glass	10.6	12.6	15.0	1.1.0	1.1.0

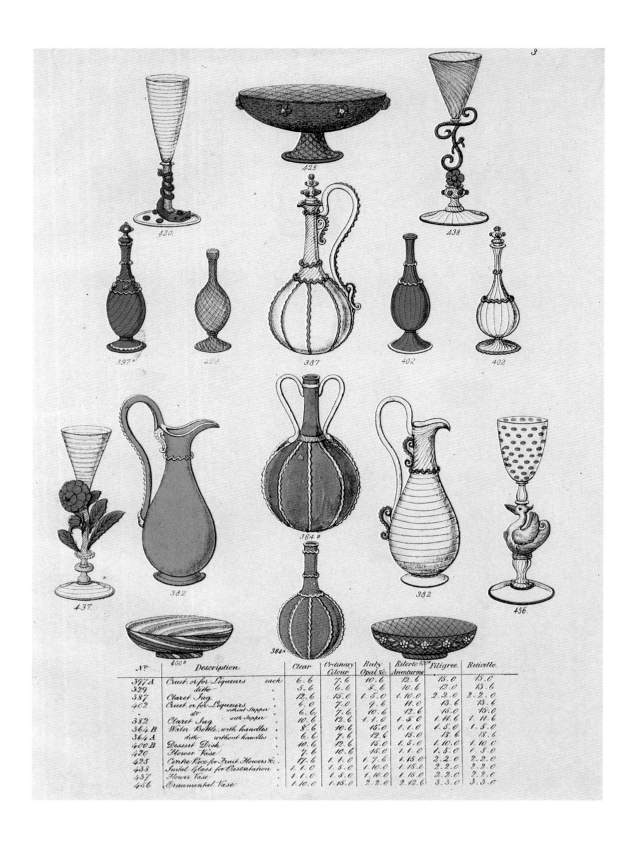

Nº	Description	Clear	Ordinary Colour	Ruby Opal &c	Riterto Avventurine	Filigree	Reticello
397A	Cruet, or for Liqueurs each	6.6	7.6	10.6	12.6	15.0	15.0
329	ditto	5.6	6.6	8.6	10.6	12.0	13.6
387	Claret Jug	12.6	15.0	1.5.0	1.10.0	2.2.0	2.2.0
402	Cruet, or for Liqueurs	6.0	7.0	9.6	11.0	13.6	13.6
	do without Stopper with Stopper	6.6	7.6	12.6	15.0		15.0
382	Claret Jug	10.6	12.6	1.1.0	1.5.0	1.11.6	1.11.6
364B	Water Bottle, with handles	8.6	10.6	15.0	1.1.0	1.5.0	1.5.0
364A	ditto without handles	6.6	7.6	12.6	15.0	18.6	18.6
400B	Dessert Dish	10.6	12.6	15.0	1.5.0	1.10.0	1.10.0
420	Flower Vase	7.6	10.6	15.0	1.1.0	1.5.0	1.5.0
425	Centre Piece for Fruit Flowers &c	17.6	1.1.0	1.7.6	1.15.0	2.2.0	2.2.0
438	Initial Glass for Presentation	1.1.0	1.5.0	1.10.0	1.15.0	2.2.0	2.2.0
437	Flower Vase	1.1.0	1.5.0	1.10.0	1.15.0	2.2.0	2.2.0
456	Ornamental Vase	1.10.0	1.15.0	2.2.0	2.12.6	3.3.0	3.3.0

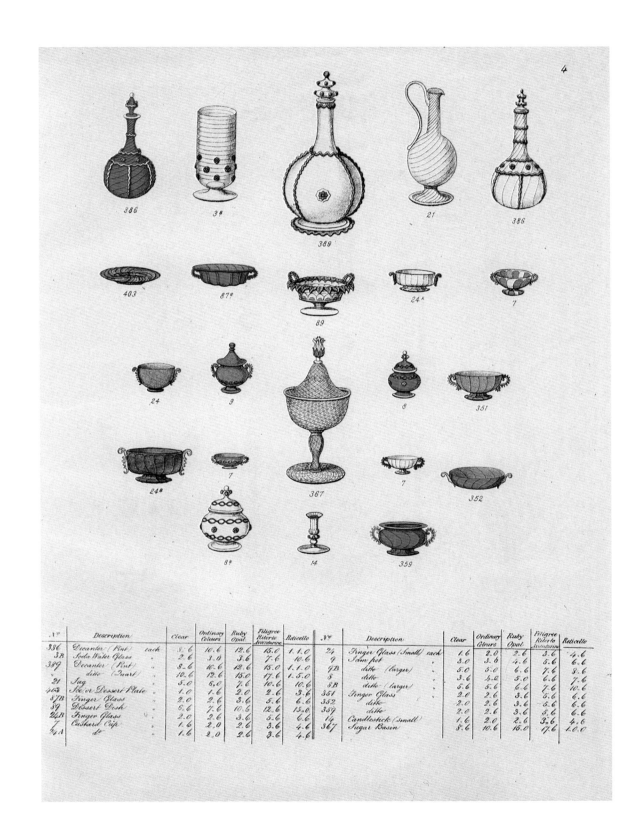

Nº	Description		Clear	Ordinary Colours	Ruby Opal	Filigree Riterté Aventurine	Réticelle	Nº	Description		Clear	Ordinary Colours	Ruby Opal	Filigree Riterté Aventurine	Réticelle
386	Decanter (Pint)	each	8.6	10.6	12.6	15.0	1.1.0	24	Finger Glass (Small)	each	1.6	2.0	2.6	3.6	4.6
3B	Soda Water Glass		2.6	3.0	3.6	7.6	10.6	9	Jam pot		3.0	3.6	4.6	5.6	6.6
389	Decanter (Pint)		8.6	10.6	12.6	15.0	1.1.0	9B	ditto (larger)		5.0	5.0	6.6	7.6	8.6
"	ditto (Quart)		10.6	12.6	15.0	17.6	1.5.0	8	ditto		3.6	4.0	5.0	6.6	7.6
21	Jug		5.0	6.0	7.6	10.6	10.6	8B	ditto (larger)		5.6	5.6	6.6	7.6	10.6
403	Ice or Dessert Plate		1.0	1.6	2.0	2.6	3.6	351	Finger Glass		2.0	2.6	3.6	5.6	6.6
87B	Finger Glass		2.0	2.6	3.6	5.6	6.6	352	ditto		2.0	2.6	3.6	5.6	6.6
89	Dessert Dish		5.6	7.6	10.6	12.6	15.0	359	ditto		2.0	2.6	3.6	5.6	6.6
24B	Finger Glass		2.0	2.6	3.6	5.6	6.6	14	Candlestick (Small)		1.6	2.0	2.6	3.6	4.6
7	Custard Cup		1.6	2.0	2.6	3.6	4.6	367	Sugar Basin		8.6	10.6	15.0	17.6	1.0.0
24A	do		1.6	2.0	2.6	3.6	4.6								

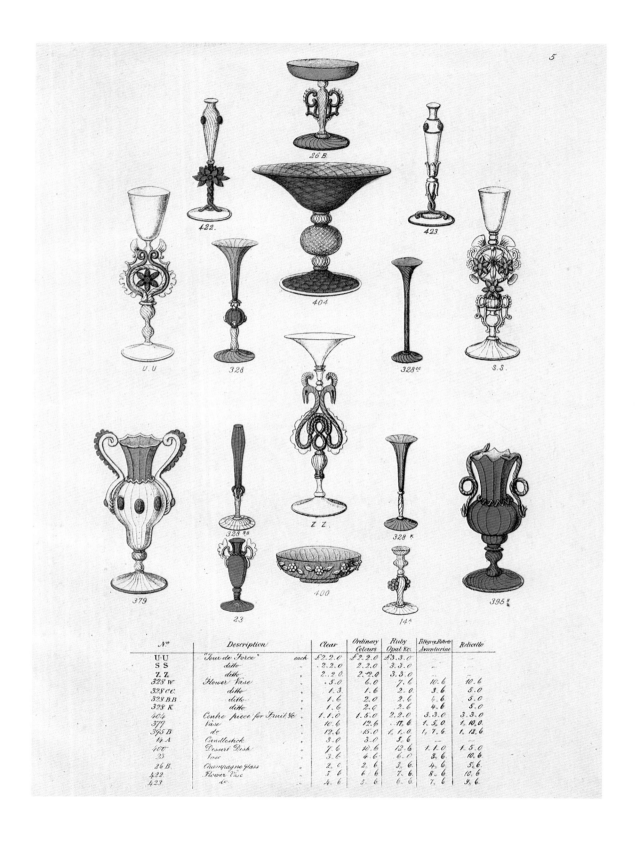

Nº	Description		Clear	Ordinary Colours	Ruby Opal &c.	Filigree Reticulo Avventurine	Reticello
U·U	"Tour de Force"	each	£2.2.0	£2.2.0	£3.3.0	—	—
S S	ditto	"	2.2.0	2.2.0	3.3.0	—	—
Z Z	ditto	"	2.2.0	2.2.0	3.3.0	—	—
328 W	Flower Vase	"	.5.0	6.0	7.6	10.6	10.6
328 CC	ditto	"	1.3	1.6	2.0	3.6	5.0
328 BB	ditto	"	1.6	2.0	2.6	4.6	5.0
328 K	ditto	"	1.6	2.0	2.6	4.6	5.0
404	Centre piece for Fruit &c	"	1.1.0	1.5.0	2.2.0	3.3.0	3.3.0
379	Vase	"	10.6	12.6	11.6	1.5.0	1.10.0
395 B	do	"	12.6	15.0	1.1.0	1.7.6	1.13.6
14 A	Candlestick	"	3.0	3.0	5.6	—	—
400	Dessert Dish	"	7.6	10.6	12.6	1.1.0	1.5.0
23	Vase	"	3.6	4.6	6.0	3.6	10.6
26 B	Champagne glass	"	2.6	2.6	3.6	4.6	5.6
422	Flower Vase	"	5.6	6.6	7.6	8.6	10.6
423	do	"	4.6	5.6	6.6	7.6	9.6

208

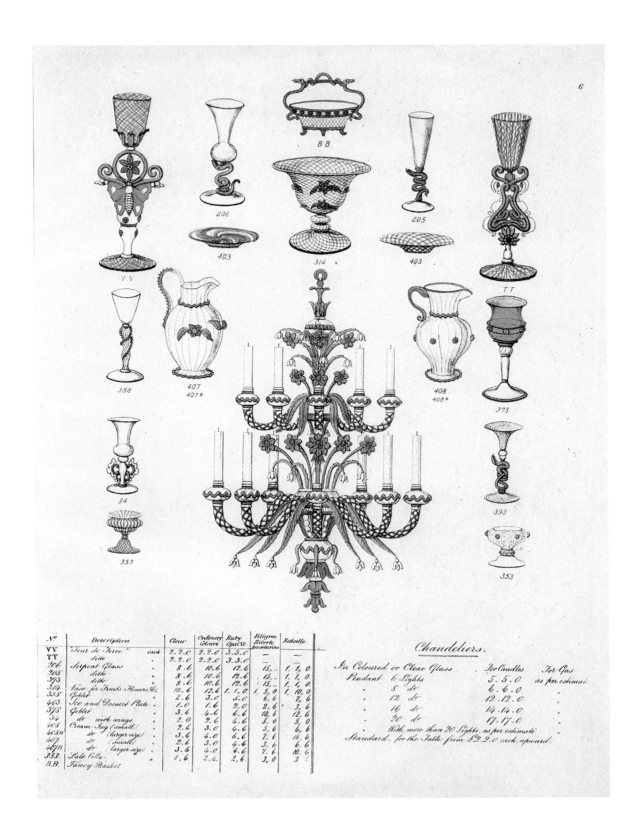

6

N°	Description		Clear	Ordinary Colours	Ruby Opal &c	Filigree Rilerte Avanturine	Reticello
VV	"Tour de Force"	each	2.2.0	2.2.0	3.3.0	—	
TT	ditto		2.2.0	2.2.0	3.3.0	—	
206	Serpent Glass		8..6	10.6	12.6	15..	1..1.0
205	ditto		8..6	10.6	12.6	15..	1..1.0
393	ditto		8..6	10.6	12.6	15..	1..1.0
314	Vase for Fruits Flowers &c		10..6	12.6	1..1.0	1..5.0	1..10.0
358	Goblet		2..6	3.0	5..0	6..6	7..6
403	Ice and Dessert Plate		1..0	1.6	2..0	2..6	3..6
378	Goblet		3..6	4..6	6..6	10..6	12..6
34	do with wings		2..0	2.6	4..6	3..0	5..0
408	Cream Jug (small)		2..6	3.0	4..6	5..6	6..6
408#	do (larger size)		3..6	4.0	6..6	7..6	10..6
407	do (Small)		2..6	3.0	4..6	5..6	6..6
407#	do (larger size)		3..6	4.0	6..6	7..6	10..6
353	Salt Cellar		1..6	2..0	2..6	3..0	3..4
B.B.	Fancy Basket						

Chandeliers.

In Coloured or Clear Glass   Per Candles   For Gas

Pendant	6 Lights	5..5..0	as per estimate
	8 do	6..6..0	"
	12 do	12..12..0	"
	16 do	14..14..0	"
	20 do	17..17..0	"

With more than 20 Lights, as per estimate

Standard for the Table from £2.2.0 each upward.

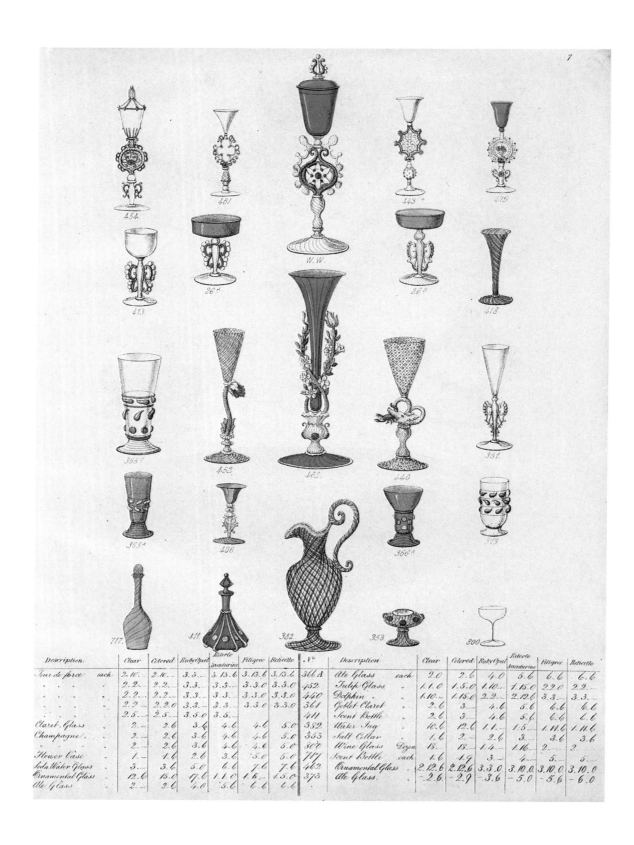

Description		Clear	Colored	Ruby Opal	Filerte Aventurine	Filigree	Reticello	Nº	Description		Clear	Colored	Ruby Opal	Filerte Aventurine	Filigree	Reticello
Tour de force	each	2.10	2.10	3.3	3.13.6	3.13.6	3.13.6	366 A	Ale Glass	each	2.0	2.6	4.0	5.6	6.6	6.6
"	"	2.2	2.2	3.3	3.3	3.3.0	3.3.0	452	Tulip Glass	"	1.1.0	1.5.0	1.10	1.15.0	2.2.0	2.2
"	"	2.2	2.2	3.3	3.3	3.3.0	3.3.0	440	Dolphin	"	1.10	1.15.0	2.2	2.12.6	3.3	3.3
"	"	2.2	2.2.0	3.3	3.3	3.3.0	3.3.0	361	Goblet Claret	"	2.6	3.	4.6	5.6	6.6	6.6
"	"	2.5	2.5	3.5.0	3.5			411	Scent Bottle		2.6	3.	4.6	5.6	6.6	6.6
Claret Glass		2.	2.6	3.6	4.6	4.6	5.0	382	Water Jug		10.6	12.6	1.1.	1.5	1.11.6	1.11.6
Champagne		2.	2.6	3.6	4.6	4.6	5.0	353	Salt Cellar		1.6	2.	2.6	3.	3.6	3.6
Flower Vase		1.	1.6	2.6	3.6	5.0	5.0	800	Wine Glass	Dozen	18.	18.	1.4.	1.16	2.	2.
Soda Water Glass		5.	3.6	5.0	6.6	7.6	7.6	717	Scent Bottle	each	1.6	1.9	3.	4.	5.	5.
Ornamental Glass		12.6	15.0	17.6	1.1.0	1.6	15.0	462	Ornamental Glass		2.12.6	2.12.6	3.3.0	3.10.0	3.10.0	3.10.0
Ale Glass		2.	2.6	4.6	5.6	6.6	6.6	373	Ale Glass		2.6	2.9	3.6	5.0	5.6	6.0

Nº	Description		Clear	Ard Coter	Ruby Opal	Ritorto	Reticello
R.R.	Tour de force	each	1.5.0	1.10.0	1.15.0	2. –	2.10.–
X.X.	" "	"	1.5.0	1.10.0	1.15.0	2. –	2.10.–
100	Sauce Cup		6	7.6	10.6	15.6	1.1.0
B.B.	Ditto		1.5.0	1.10.0	1.15.	2. –	2.10.0
400	Specimen of Ritorto Avventurine for price see Nº 400 B.						

Mirror from £2.– to any price according to the size and design

BIBLIOGRAFIA
BIBLIOGRAPHY

ARTE DEL VETRO 1992
L'arte del vetro. Silice e fuoco: vetri del XIX e XX secolo, catalogo della mostra al Palazzo delle Esposizioni di Roma, mostra a cura di Mario Quesada, Helmut Ricke, Maria Elisa Tittoni, Venezia, Marsilio, 1992

BAKER & RICHARDSON 1997
Baker, Malcolm; Richardson, Brenda. *A Grand Design: The art of the Victoria & Albert Museum*, New York; Baltimore 1997

BAROVIER 1998
I Barovier: una stirpe di vetrai, catalogo della mostra, a cura di Attilia Dorigato e Rossella Junck, testi di Aldo Bova, Attilia Dorigato, Tsuneo Yoshimizu, Hakone, Hakone Glass Forest Ukai Museum, 1998

BAROVIER MENTASTI 1982
Rosa Barovier Mentasti, *Il vetro veneziano. Dal Medioevo al Novecento*, Milano, Electa, 1982

BAROVIER MENTASTI 1992
Rosa Barovier Mentasti, *Vetro Veneziano 1890-1990*, Venezia, Arsenale, 1992

BARR 1998
Sheldon Barr, *Venetian glass: confections of the glassmaker's art*, prefazione di Marjorie Reed Gordon, New York, Abrams, 1998

BAUMGARTNER 1995
Erwin Baumgartner, *Verre de Venise et "façon de Venise"*, II, catalogo del Musée Ariana, Genève, 1995

BICCHIERI DELL'OTTOCENTO 1998
I bicchieri di Murano dell'800, catalogo della mostra, a cura di Aldo Bova, Rossella Junck, Puccio Migliaccio, Venezia, Galleria Rossella Junck, 1998

BOVA 1997
Bova, Aldo. *Alcune notizie sui protagonisti e le ditte Muranesi dell'800*, sta in: *Draghi, Serpenti e Mostri Marini nel Vetro di Murano dell'800*, Venezia 1997

BOVA 1998
Bova, Aldo. *Il vetro di Murano alle Esposizioni dell'800*, sta in: *Murrine e Millefiori 1830-1930*, Venezia 1998

CAPPA 1991
Cappa, Giuseppe. *L'Europe de l'art verrier des précurseur de l'Art Nouveau à l'art actuel 1850-1990*, presentazione Joseph Philippe, Liège, Mardaga, 1991

CAPPA 1998
Cappa, Giuseppe. *Le génie verrier de l'Europe*, Liège, Mardaga, 1998

CATALOGO A. SALVIATI
[Catalogo a stampa senza frontespizio, colorato a mano, pubblicato in SALVIATI 1989], s.l. (Venezia?), s.d. (post 1877?)

CATALOGO CVM
[Catalogo a stampa privo di frontespizio, attribuito alla Compagnia Venezia-Murano sulla base del confronto con MOLMENTI 1903], s.l., s.d. (1900?)

CATALOGO FRATELLI TOSO
[Gruppo di cataloghi a stampa e fotografici conservati presso l'archivio della ditta; descritti in MURRINE E MILLEFIORI 1998], s. l. (Venezia), s.d. (1854-1920)

CATALOGO SALVIATI & C.
[Catalogo a stampa privo di frontespizio con l'indicazione del nome della ditta ripetuto su ogni pagina, ristampato poi con la dicitura: *G. Salviati. Verreries artistiques*], s.l. (Venezia?), s.d. (1890?)

CATALOGO SALVIATI & CO.
Salviati & Company Limited Venetian Gallery. Venetian Enamel Mosaic Interior & Exterior Architectural Decorations. Blown Glass Antique Venetian style , for Table, & Ornamental use, & C., London, Groom Wilkinson & C., s.d. (1866?)

CATALOGO TESTOLINI
Prix Courant des Verres Vénitiens. Maison M. Q. Testolini, Vienna, Lunsch, s.d. (1890?)

CECCHETTI 1861
Cecchetti, Bartolomeo. *Di un nuovo stabilimento patrio di mosaici, tarsi di smalti e calcedonie dell'avvocato Dottor Antonio Salviati di Venezia*, Venezia, 1861

DORIGATO 1983
Attilia Dorigato, *Murano. Il vetro a tavola ieri e oggi*, catalogo della mostra, supplemento a «Civici Musei Veneziani d'Arte e di Storia. Bollettino», Venezia, Stamperia di Venezia, 1983

DORIGATO 1985
Attilia Dorigato, *Vetri del Settecento e dell'Ottocento*, Novara, De Agostini, 1985

DRAGHI DI MURANO 1997
Draghi, serpenti e mostri marini nel vetro di Murano dell'800, catalogo della mostra, a cura di Aldo Bova, Claudio Gianolla, Rossella Junck, introduzione di Rosa Barovier Mentasti, Venezia, Junck & Gianolla, 1997

DUCATI 1923
Ducati, P. *Guida del Museo Civico di Bologna*, Bologna (?), 1923

EASTLAKE 1868
Eastlake, C.h. *Hints on household taste in Furniture, upholstery and other details*, London 1868

EDIS 1881
Edis, R.W. *Decoration & Furniture of Townhouses*, London 1881

ESPOSIZIONE LIEGI 1958
Trois millenaires d'art verrier à travers les collections publiques et privéses de Belgique, catalogo dell'esposizione al Musée Curtius di Liegi del 1958, Liège, s. ed., 1958

ESPOSIZIONE PARIGI 1867A
L'Esposizione universale del 1867 illustrata, a cura di Francesco Ducuing, Milano, Sonzogno, 1867, 3 vol

ESPOSIZIONE PARIGI 1878B
L'Esposizione di Parigi del 1878 illustrata, Milano, Sonzogno, 1878 (dispense 1-50), 1879 (dispense 51-100)

ESPOSIZIONE VENEZIA 1866
Errera, Alberto. *I mosaici di Venezia. Esposizione nella Sala delle Quattro Porte del Palazzo ducale, dei mosaici e soffiati dello Stabilimento Salviati*, Venezia, tip. della Gazzetta, 1866

GLAS FRANKFURT 1980
Europäisches und aussereuropäisches Glas, a cura di Annaliese Ohm (Ia edizione, 1973), Marcgrit Bauer, Gunhild Gabbert (2a ed.), Frankfurt am Main, Museum für Kunsthandwerk Frankfurt am Main, 2a edizione, 1980

GLAS KÖLN 1973
Glas, catalogo del Kunstgewerbemuseum di Colonia, a cura di Brigitte Klesse, Gisela Reineking-Von Bock, Köln, 2a edizione, 1973

HONEY 1946
Honey, W.B. *Glass: a handbook for the study of glass vessels of all periods and countries & a guide to the Museum collection*, London 1946

JUNCK 1998
Junck, Rossella. *La produzione della Fratelli Toso dal 1854 alla prima guerra mondiale*, sta in: *Murrine e Millefiori 1830-1930*, Venezia 1998

KENT 1996
Kent, Lisa, *From the Venetian Style to Art Nouveau: James Powell & Sons and Prevailing Fashion in Britain*, sta in: Jackson, Leslie (ed), *Whitefriars Glass: The Art of James Powell & Sons*, Shepton Beauchamp 1996, pp. 20-35

LAYARD 1868
Layard, h.A. *On Mosaics* (lecture to the Royal Institute of British Architects [RIBA] on 3rd November 1868), sta in: *Royal Institute of British Architects: Sessional Papers 1868-69*, no. 3, London 1868

LAYARD 1894
Layard, h.A. *Mosaics; and how they are made*, sta in: «Newberry House Magazine» 1894

LIEFKES 1994
Reino Liefkes, *Antonio Salviati and the nineteenth-century renaissance of Venetian glass*, in «The Burlington Magazine», London, CXXXVI, maggio 1994, n. 1094, pp. 283-290

LIEFKES 1997
Reino Liefkes, *Glass*, London, Victoria and Albert Museum, 1997

LOFTIE 1878
Loftie, Mrs. *The dining-room*, London 1878

MANCHESTER 1986
Manchester, Whitworth Art Gallery, University of Manchester. *Reflections of Venice: The influence of Venetian Glass in Victorian England 1840-1900*, Manchester 1986

MARIACHER 1954
L'arte del vetro, a cura di Giovanni Mariacher, Verona, Mondadori, 1954

MILLE ANNI 1982
Mille anni di arte del vetro a Venezia, catalogo della mostra, a cura di Rosa Barovier Mentasti, Attilia Dorigato, Astone Gasparetto, Tullio Toninato; Venezia, Albrizzi, 1982

MOLMENTI 1903
Pompeo Molmenti, *Murano and its artistic glass-ware*, estratto tradotto in inglese da «Emporium», marzo 1903, Bergamo, Istituto italiano d'arti grafiche, 1903

MONOGRAFIA 1874
Monografia della vetraria veneziana e muranese, a cura di Bartolomeo Cecchetti, Vincenzo Zanetti, Eugenio Sanfermo, Venezia, Antonelli, 1874

MORAZZONI 1953
Morazzoni, Giuseppe. *Le conterie veneziane dal secolo XIII al secolo XIX*, sta in: *Le conterie veneziane*, a cura della Società Veneziana Conterie e Cristallerie, Venezia, 1953

MORRIS 1978
Morris, Barbara. *Victorian Table Glass and Ornaments*, London 1978

MUNDT 1973
Mundt, Barbara. *Historismus. Kunsthandwerk und Industrie im Zeitalter der Weltausstellungen*, catalogo del Kunstgewerbe-museum di Berlino, vol. VII, Berlin, Felgentreff & Goebel, 1973

MURRINE E MILLEFIORI 1998
Murrine e millefiori nel vetro di Murano dal 1830 al 1930, catalogo della mostra, a cura di Aldo Bova, Rossella Junck, Puccio Migliaccio; testi di Rosa Barovier Mentasti, Aldo Bova, Attilia Dorigato, Rossella Junck, Giovanni Sarpellon; Venezia, Galleria Rossella Junck, 1998

PHYSICK 1982
Physick John. *The Victoria and Albert Museum, the history of its Building*, London 1982

RUSKIN 1853
Ruskin, John. *The Stones of Venice*, vol. II, London

SALDERN 1995
Saldern, Axel von. *Glas. Antike bis Jugendstil. Die Sammlung im Museum für Kunst und Gewerbe Hamburg*, pref. di Wilhelm Hornbostel, Stuttgart, Arnoldsche, 1995

SALVIATI 1865
Salviati, Antonio. *On Mosaics (generally) and the superior advantages, adaptability, and general use in the past and present age, in Architectural and other Decorations of Enamel Mosaics*, London 1865; 2nd ed. London 1866

SALVIATI 1862
Salviati, Antonio. *On the gold, and coloured Enamels employed in the manufacture of Mosaics*, London 1862

SALVIATI 1867
Salviati, Antonio. *Les Manufactures Salviati & Cie. à Venise,* Paris 1867

SALVIATI 1922
L'industrie du verre artistique et de la mosaïque de Venise, Treviso, Longo & Zoppelli, s.d. (1922?)

SALVIATI 1982
Antonio Salviati e la rinascita ottocentesca del vetro artistico veneziano, catalogo della mostra, a cura di Rosa Barovier Mentasti, introduzione di Giovanni Mariacher, Vicenza, 1982

SALVIATI 1989
Salviati, il suo vetro e i suoi uomini, a cura dell'Associazione per lo studio e lo sviluppo della cultura muranese, Giovanni Sarpellon, Venezia, Stamperia di Venezia, 1989

SARPELLON 1990
Sarpellon, Giovanni. *Miniature di vetro, murrine 1838 1924*, ricerca promossa dall'Associazione per lo studio e lo sviluppo della cultura muranese a cura di Gianni Moretti e Giovanni Sarpellon, Venezia, Arsenale, 1990

SOMERS COCKS 1980
Somers Cocks, Anna. *The Victoria and Albert Museum: The Making of the Collection*, London 1980

SPIEGL 1980
Spiegl, Walter. *Glas des Historismus. Kunst- und Gebrauchgläser des 19. Jahrhunderts*, Braunschweig, Klinkhardt & Biermann, 1980

STAMPA INGLESE
Opinioni della stampa inglese sulla superiorit‡ degli smalti, prodotti calcedonii e mosaici inviati dallo Stabilimento Salviati di Venezia all'Esposizione Internazionale di Londra del 1862 ed all'Esposizione Nazionale Italiana di Firenze del 1861, Torino 1862

TAGLIAPIETRA 1979
Silvano Tagliapietra, *Cronache muranesi 1. La magnifica comunità di Murano 1900-1925*, Verona, Bortolazzi-Stei, 1979

TAGLIAPIETRA 1985
Silvano Tagliapietra, *Cronache muranesi. Murano dalla «Marsigliese» alla «Bella Gigogin». L'Ottocento*, Venezia, Helvetia, 1985

TAIT 1991
Tait, Hugh. *Five Thousand Years of Glass*, London, British Museum Press, 1991

THEUERKAUFF-LIEDERWALD 1994
Anna-Elisabeth Theuerkauff-Liederwald, *Venezianisches Glas der Kunstsammlungen der Veste Coburg*, presentazione di Joachim Kruse, collaborazione di Johann Karl von Schroeder e Stanislav Ulitzka, redazione di Clementine Schack von Wittenau, s.l. [Coburg], Luca, 1994

VETRI, CAMMEI 1993
Vetri, cammei e pietre incise, catalogo del Museo Civico di Modena, a cura di Maria Canova, testi di Silvana Pettenati, Monica Bietti, Maria Canova, Mariarita Casarosa, Modena, Franco Cosimo Panini, 1993

VETRI DELL'OTTOCENTO 1978
Vetri di Murano dell'800, catalogo della mostra, a cura di Rosa Barovier Mentasti, Venezia, Alfieri, 1978

VETRI DEL SETTECENTO 1981
Vetri di Murano del '700, catalogo della mostra, a cura di Attilia Dorigato, Venezia, Alfieri, 1981

VETRI IN TAVOLA 1999
Vetri in tavola. I vetri di Murano per la tavola nell'800, catalogo della mostra tenuta a Venezia dal 12 giugno al 2 dicembre 1999 (traduzione inglese *Glass for the table. XIX century Murano glass tableware*), a cura di Puccio Migliaccio, testo di Attilia Dorigato, Venezia, Arsenale & Junck, 1999

ZANETTI E MURANO 1983
Vincenzo Zanetti e la Murano dell'Ottocento, catalogo della mostra tenuta al Museo vetrario di Murano, dicembre 1983-maggio 1984, a cura della «Associazione per lo studio e lo sviluppo della cultura muranese», Venezia, ASSCUM, 1983

ZANETTI 1866
Vincenzo Zanetti, *Guida di Murano e delle celebri sue fornaci vetrarie*, Venezia, Antonelli, 1866

ZECCHIN 1987-1990
Luigi Zecchin, *Vetro e vetrai di Murano*, a cura dell'Associazione per lo studio e lo sviluppo della cultura muranese, Paolo Zecchin, Venezia, Arsenale, 3 voll., 1987, 1989, 1990

Finito di stampare
nel mese di dicembre 1999
presso EBS-Editoriale Bortolazzi Stei
San Giovanni Lupatoto
(Verona)